HISTOIRE

DE

DRÉE, DE VERREY-SOUS-DRÉE

ET

DE LA MAISON DE DRÉE

PAR

L'Abbé P. FERRET

CURÉ DE DRÉE

MEMBRE DE PLUSIEURS SOCIÉTÉS SAVANTES

DIJON

IMPRIMERIE ET LITHOGRAPHIE EUGÈNE JOBARD

1890

HISTOIRE

DE

DRÉE, DE VERREY-SOUS-DRÉE

ET DE LA MAISON DE DRÉE

HISTOIRE

DE

DRÉE, DE VERREY-SOUS-DRÉE

ET

DE LA MAISON DE DRÉE

PAR

L'Abbé P. FERRET

CURÉ DE DRÉE

MEMBRE DE PLUSIEURS SOCIÉTÉS SAVANTES

DIJON

IMPRIMERIE ET LITHOGRAPHIE EUGÈNE JOBARD

1890

A Sa Grandeur

Monseigneur Victor-Lucien-Sulpice Lecot,

Évêque de Dijon.

Monseigneur,

Le vaste et beau diocèse de Dijon, qui possède de nobles cités, renferme aussi d'humbles villages, et c'est l'histoire de deux de ces villages, cachés dans un petit vallon de l'Auxois, que je viens déposer à vos pieds, bien persuadé que Votre Grandeur daignera l'agréer avec bienveillance.

L'étude du passé est à l'ordre du jour : ecclésiastiques

et laïques se sont pris d'une généreuse émulation, particulièrement dans notre Bourgogne, pour faire sortir le passé de la poussière de l'oubli. Tant mieux ! La Religion et l'Eglise n'ont rien à perdre et ont tout à gagner devant la critique saine et consciencieuse de l'histoire.

Monseigneur, dans les réunions du synode diocésain, vous recommandiez naguère à votre Clergé de recueillir toutes les traditions qui s'attachent à nos paroisses. Notre travail, commencé depuis longtemps, arrive donc à son heure.

Notre but a été de mettre en relief une antique famille bourguignonne, la famille de Drée, contemporaine et parente de notre illustre et pieux saint Bernard, famille dont le blason figura aux Croisades, dont les membres furent bienfaiteurs des abbayes et des églises, dont les noms furent distingués et anoblis par nos anciens rois.

Le village de Verrey-sous-Drée nous rappelle les temps antiques par sa contrée dite Les Morts, le séjour du jeune saint Seine, l'établissement de la vieille famille de Fontette, celui des Fevret, etc.

Dans ce récit, nous verrons que tout l'éclat sérieux d'ici-bas est emprunté du Ciel, et que les hommes seuls qui s'approchent de Dieu de quelque façon peuvent dérober à son front un peu de splendeur vraie et un rayon qui réjouit nos yeux et nous fait bénir la Divinité.

Je suis, avec le plus profond respect,

Monseigneur,

De Votre Grandeur,

Le très humble et très obéissant serviteur,

P. FERRET,

Curé de Drée et Verrey-sous-Drée.

VÊCHÉ
DE
DIJON

DIJON, ce 25 Décembre 1889.

Mon cher Ami,

Trop peu compétent encore dans les questions d'histoire locale, que j'ai le plus grand désir d'étudier, j'ai dû confier l'examen de votre livre à un juge plus au courant des matières qui y sont traitées.

Le rapport qui me parvient étant tout en faveur de votre travail, je ne puis que vous en féliciter en vous donnant avec bonheur l'autorisation que vous me demandez de le publier.

Recevez, mon cher ami, l'expression de mes sentiments bien dévoués en N.-S.

† VICTOR-LUCIEN,
ÉV. DE DIJON.

PRÉFACE

« Ignorer ce qui s'est passé avant sa naissance, c'est être enfant toute sa vie. » Si cette parole du grand orateur romain est vraie d'une manière générale, à combien plus forte raison doit-elle s'appliquer à la connaissance de sa patrie, de sa province, du village qu'on habite et où se déroule notre existence. Les nations ont leurs historiens, les provinces, les leurs; pourquoi chaque paroisse, chaque commune n'aurait-elle pas le sien ? On rédige bien des mémoires de famille. Montaigne raconte que son père « ordonnait à celui de ses gens qui lui servait à escrire, de tenir un papier journal à insérer toutes les survenances de quelque remarque, jour par jour, les mémoires et l'histoire de sa maison, très plaisante à voir quand le temps commence à en effacer la souvenance, et très à propos pour nous oster souvent de peine... Usage ancien que je treuve bon à refreschir chascun en sa chascunière, et me treuve un sot d'y avoir failly (1). » Or une paroisse n'est-elle pas une famille ?

Mais, dira-t-on, quel intérêt peut présenter l'histoire d'une petite localité ? Nous répondrons qu'on peut toujours faire un travail d'un intérêt réel, quoique nécessairement relatif. « Dans notre opinion, dit M. Le Prévot, membre de l'Académie des inscriptions et belles-lettres, l'humble commune rurale a les mêmes droits que les plus vastes cités à être mise en possession de tous les souvenirs qui pourront être rattachés à sa circonscription (2). » Tout village a son passé ; il s'agit de le faire revivre devant nous et de lui donner la parole. « Le passé, dit Chateaubriand, est un vieillard vénérable ; il nous raconte à nos foyers ce qu'il a vu, il nous instruit en nous amusant par ses récits, ses idées, son langage, ses manières, ses vêtements. »

Et puis, il n'y a pas en France un point, si obscur soit-il, qui n'ait été fécondé par la grâce de Jésus-Christ, et illustré par l'action de l'Eglise. Faire l'histoire d'une paroisse, c'est donc écrire une page d'histoire ecclésiastique, et chanter un hymne à Dieu.

Les monuments écrits, c'est-à-dire les archives, nationales et départementales, les archives locales reli-

---

(1) *Essais*, I, ch. 34.
(2) *Travail sur la commune de Saint-Martin-du-Tilleul (Eure)*.

gieuses et civiles, les bibliothèques publiques et particulières, les généalogies, les registres de la paroisse, les noms des *lieux-dits,* désignés au cadastre ; les monuments lapidaires, c'est-à-dire l'église paroissiale avec son style, ses souvenirs, ses verrières, ses pierres tombales, ses écussons ; le vieux château étudié dans ses caractères architectoniques, son blason sculpté sur la porte ou la cheminée ; une visite au champ du repos et à la croix qui le protège ; les inscriptions des croix antiques qui dominent la vallée ou se montrent au voyageur le long du chemin ; les traditions, les souvenirs des anciens du village, voilà les sources où nous avons puisé les données nécessaires pour cette histoire.

Nous diviserons ce travail en trois parties : la première comprendra l'histoire de Drée, la seconde, l'histoire de Verrey-sous-Drée, la troisième, l'histoire généalogique de la maison de Drée dans ses divers établissements jusqu'à notre époque.

Nous insérons dans notre récit quelques aperçus généraux qui paraîtront des hors-d'œuvre aux érudits ; mais nous n'écrivons pas spécialement pour les savants ; *nos infirmi, vos autem fortes :* ces données seront peut-être utiles aux humbles et aux petits.

HISTOIRE

DE

DRÉE, DE VERREY-SOUS-DRÉE

ET DE LA MAISON DE DRÉE

INTRODUCTION

L'histoire de nos villages est à peu près toute l'histoire de France. Nos esprits, habitués à l'unité sociale, à la centralisation administrative et au formalisme bureaucratique, ne se font pas aisément à l'idée d'un monde où tout était laissé à l'incohérence des initiatives personnelles. Le fait est que les Gaulois, nos pères, ne connaissaient pas, ne soupçonnaient même pas une société où tout est classé, hommes et choses ; où tout est réglé, jusqu'à l'acte le plus insignifiant ; où, pour moins que rien, vous tombez sous le coup d'une ordonnance quelconque.

Les fils de Brennus, chef des Gaules, ne craignaient que la chute du ciel ; encore se flattaient-ils d'en supporter le choc avec leurs lances. Pour le train commun de la vie, libres comme l'Arabe du désert, ils erraient dans leurs forêts sans limites, et déversaient périodiquement sur le monde ancien le trop plein de la population gauloise. Après la conquête de César, les Romains avaient établi dans les Gaules des centres fixes de population ; auparavant, à proprement parler, il n'y avait, dans notre pays, guère d'autre point de ralliement que le lieu de ces assemblées militaires où les Gaulois rivalisaient de bravoure et d'éloquence. En dehors de ces réunions rares et éphémères, les Gaulois promenaient leurs troupeaux, se livraient à la chasse ou à la guerre, qui était encore pour eux une chasse, et ne prenaient que des quartiers d'hiver dans des trous creusés que surmontait un petit toit pour déverser les eaux, excavations dont la profondeur les défendait contre les rigueurs des frimas.

Les rassemblements permanents de population, si l'on excepte les cités, ne datent que du ve siècle. On pourrait faire remonter à cette époque le village de Verrey-sous-Drée, au moins à l'état rudimentaire ; car les textes relatifs au séjour de saint Seine dans cette solitude, au commencement du vi^e siècle, mentionnent une possession très ancienne du nom de *Valeriacus, multæ antiquitatis possessio*, et les religieux de saint Seine y construisirent une chapelle dédiée au saint abbé, aussitôt après sa mort, arrivée en 580.

Il serait difficile de préciser exactement l'origine de nos villages ; néanmoins, on peut assigner des points de repère qui sont : l'établissement d'une villa romaine, le groupement des maisons et des habitants autour d'un monastère, la création, sous la féodalité, des *castella* ou châteaux forts, qui furent le point de départ d'un grand nombre de localités.

La villa est de création romaine : c'est l'ensemble des terres qui formaient un même domaine, exploité d'un même centre par une troupe d'esclaves ou colons soumis à un même agent du maître. La villa s'est conservée durant dix siècles et a donné son nom à nos villages ou communes, dont le finage n'est autre chose que le territoire enfermé dans les bornes (*fines*) du domaine romain. La villa était un domicile personnel ; la métairie constituait sa dépendance. La villa était une maison isolée ; la métairie, avec les domaines d'alentour, était encore plus isolée que la villa. Les ouvriers de la métairie n'étaient point libres de leur personne ni de leurs biens. Les propriétaires de la villa n'y faisaient que des séjours passagers. Ce n'étaient pas là ces agrégations fraternelles d'hommes que nous voyons éclore dans la suite.

Les habitants de la Gaule, même romains, n'avaient entre eux que des rapports difficiles ou se tenaient dans un isolement agressif. Quand les missionnaires commencèrent à se lancer dans ces masses dispersées, la première difficulté fut de réunir des auditeurs. A grand'peine, ils faisaient asseoir sur le tronc d'un arbre abattu sept ou huit personnes, étonnées de se voir ensemble et plus étonnées encore de s'entendre appeler frères. L'effet que produisit sur ces auditeurs barbares la parole de l'Evangile, nous ne pouvons que le conjecturer, mais nous connaissons les résultats. La doctrine et la grâce de Jésus-Christ resserrèrent le lien des familles, rapprochèrent les hommes en refoulant les passions, et le premier élément constitutionnel de nos villages, ce fut la croix du Sauveur des nations.

Après la prédication des missionnaires, la force éminemment créatrice de nos villages, ce fut l'exemple des moines. Leur premier séjour était une cabane en bois; leur vie se consumait au travail. Vous les voyez s'avancer, le psautier d'une main, la cognée de l'autre, à la conquête du sol. En quelques instants, ils ouvrent une clairière, qui sera leur point de départ et leur centre de ralliement. Par des efforts continus, ils effectuent une chose de la plus grande difficulté et de la plus haute importance : ils aménagent les eaux, les bois et les terres; ils posent la base nécessaire de toute société humaine : un climat sain et une alimentation assurée. De fait, ils attirent à eux ces foules d'individus plus aptes à dépenser qu'à produire, pour qui le pain de chaque jour est un incessant problème. A leur exemple, qui réhabilitait le travail, jusque-là servitude méprisée, s'ajoutait l'influence de la religion. La religion montrait dans le travail une source de mérites, l'imitation de Jésus-Christ fait esclave et victime pour le salut du monde, l'idée de l'expiation si nécessaire à une époque tourmentée, et la sage égalité qui garantissait les mêmes droits et répartissait uniformément les charges.

Le régime administratif du monastère était d'ailleurs un enseignement. Le cloître, c'était l'idéal de la famille, la cité en miniature, et par le rapprochement des hommes pour le maniement commun des affaires publiques, le modèle de la vie sociale. Cet enseignement était de la plus grande nécessité. Le barbare se liait peu avec ses voisins; il était défiant et aimait la solitude. Quel spectacle pour lui que ce monastère où il voit tous les cénobites agir ensemble, se prêter un mutuel secours, et faire fleurir sur la terre toutes les vertus de Jésus-Christ ! N'apprenait-il pas à s'associer, à s'organiser, à se donner des chefs? Aussi bien les maisons ne tardèrent pas à se presser autour de l'habitation des moines. Les intérêts étaient sauvegardés par les privilèges du cloître; les conditions s'amélioraient par l'affranchissement de quiconque faisait profession monastique. Avantage précieux à une époque où le régime militaire, seule forme de vie publique, rendait inaccessible toute dignité et faisait du monastère la seule espérance du serf qu'animaient de nobles desseins.

Le moine et le missionnaire furent les deux héros de cette première période d'effloraison rurale. Non pas que les choses se soient passées avec la régularité que nous mettons à les décrire. Ce furent des temps terribles que ces temps barbares. Pendant cinq siècles, vous ne voyez se heurter, sur l'avant-scène de l'histoire, que des masses confuses et des chefs âpres à la curée. Jusqu'à l'an mil, c'est l'invasion qui se continue ; et, si ce n'était la religion qui jette dans cette mêlée un élément de lumière, d'ordre et de puissance, ce serait la perpétuité du chaos. Ce serait Nemrod en permanence accepté comme idéal, que dis-je? comme triomphe effectif du plus beau rêve de sociabilité antique. Mais l'Evangile fait loi ; mais le missionnaire a prêché l'Evangile ; mais le moine a montré l'Evangile en action, et voilà nos villages qui commencent, et ce commencement, c'est la constitution initiale, pour mille ans et plus, de la civilisation chrétienne.

PREMIÈRE PARTIE

HISTOIRE DE DRÉE

CHAPITRE PREMIER

DESCRIPTION DE DRÉE

Au pied des montagnes de Sombernon, à la naissance d'un petit vallon situé dans le bassin de la Seine, on rencontre le village de Drée.

« Population de Drée, 174 ; superficie, 514 hectares ; distance kilométrique du canton, 6 ; de l'arrondissement et département, 34 ; bureau de poste, Sombernon.

» Diocèse et archidiaconé de Dijon, doyenné de Sombernon.

» Province de Bourgogne, bailliage d'Arnay-le-Duc, subdélégation de Vitteaux, district d'Arnay, canton de Sombernon.

» Deux fermes, trois moulins, ancien château détruit en partie ; ruisseau de la Drenne ; fontaines du Bel et du

Paquis; montagnes de Champilly, au levant; des Ce[r]
sées, au couchant, séparées par la combe des Epa[r]
gées (1). »

Drée est à 460 mètres d'altitude, à 47° 20' 59" de la[ti]tude et à 2° 21' 19" de longitude du méridien de Paris.

Le territoire de Drée est en montagnes ; il appartie[nt] géologiquement à l'étage inférieur du calcaire oolithiqu[e] et, pour une petite partie, au lias (2).

Plusieurs belles sources, jaillissant du pied de la mo[n]tagne, donnent naissance à un cours d'eau, la Drenn[e] qui traverse Drée, Verrey-sous-Drée, et se réunit [à] l'Oze avec le Lavaux et le Rabutin, pour aller se perd[re] dans la Brenne, au bas d'Alise-Sainte-Reine. La poés[ie] pourrait s'essayer à chanter les sources de Drée.

Les maisons du village sont bâties irrégulièrement; u[n] grand nombre sont échelonnées de chaque côté de la r[i]vière. Les habitants possèdent une eau fraîche, limpi[de] et salutaire, provenant de plusieurs fontaines situé[es] dans le village même. L'air y est vif et pur. L'horizo[n] borné par les montagnes, sauf du côté du nord, n[e] presque d'échappée que du côté du ciel. Il en est comm[e] de ces nombreux monastères du moyen âge qui reche[r]chaient, au coin d'un vallon, l'oubli du monde, la sol[i]tude et le recueillement.

A très peu de distance, le finage de Drée est séparé [de] celui de Saint-Mesmin par les restes d'une voie romain[e.] C'est le tronçon de Sombernon à Alise. La tradition r[apporte]

---

(1) Voir la *Nomenclature des communes de la Côte-d'Or*, par Joseph Garni[er].
(2) Carte géologique de la Côte-d'Or, par Guillebot de Nerville.

VUE DE DRÉE

conte que ce chemin fut l'œuvre d'une nuit. Cela veut dire simplement que les voies romaines furent exécutées très rapidement par les légions, devenues oisives après les guerres (1).

« Le vallon de Drée est bon pour le froment. Il y a peu de prés, peu de bois communaux. Le territoire de la montagne est peu de chose. Le village est petit et pauvre. Trente feux ou plutôt chaumières et 90 communiants ; habitants tous censitaires du seigneur et payent chacun un boisseau d'avoine pour leur affranchissement de la mainmorte (2). »

Cette description de Drée, faite au siècle dernier, a besoin d'être modifiée aujourd'hui. Les prairies sont assez nombreuses ; les terres, mieux cultivées, produisent une récolte satisfaisante en céréales de toute nature, et le village renferme de l'aisance, grâce à l'industrie et au travail de ses habitants, surtout dans l'exploitation des bois. Ses chemins ont été améliorés d'une manière notable, particulièrement en 1885 et 1886, pour les tronçons de Drée au finage de Sombernon et de Drée au finage de Verrey. La commune possède 23 hectares 35 ares 35 centiares de forêts, dont 5 hectares 92 ares 50 centiares en réserve ; 5 hectares 55 ares 10 centiares de pâturages et friches : enfin un petit revenu provenant de la location de place sur les terrains communaux. Le revenu foncier est de 9,000 fr.

---

(1) Voir l'*Histoire du Morvand*, par l'abbé Baudiau, tom. I, p. 88.
(2) Bibliot. de Dijon. Courtépée : *Notes pour la description du duché de Bourgogne*, tom. VIII, f° 229, fonds Baudot, manuscrit 79.

Une contrée du territoire, du côté de Sombernon, s'appelle *Au Bas de l'Homme mort*. C'est sur le chemin voisin que Claude Lépinasse, habitant de Drée, fut assassiné, le 2 novembre 1795. Le peuple a toujours aimé à perpétuer un événement considérable en le rappelant dans le nom qu'il donne au lieu qui en fut le théâtre (1).

Au moyen âge, Drée appartint, ainsi que Verrey, au canton ou pays de Mémont, *pagus magnimontensis*. Ce canton eut d'abord pour chef-lieu Mâlain, *Mediolanum*, capitale des Insubriens, colonie des Eduens. Mâlain ayant été détruit par les barbares du Nord, Mémont, lieu considérable du voisinage, devint la capitale du canton de son nom et la résidence d'un comte. Ce canton comprenait les trois vallées (abbaye de Labussière), Savigny-sous-Mâlain, Fleurey-sur-Ouche, Cohum (aujourd'hui Sainte-Marie-sur-Ouche), Cestre, Ancey, Sombernon, Prâlon, Baume-la-Roche, Mâlain, la Serrée, Agey, Drée, Verrey-sous-Drée, Saint-Mesmin, Aubigny, Saint-Hélier, Champigny, Poncey, Pellerey (2).

---

(1) Une charte de 1269, dans le Cartulaire de l'Eglise d'Autun, publié par M. de Charmasse, parle d'une contrée appelée du même nom, *homo mortuus*, l'homme mort.

(2) Courtépée, tom. I, p. 267.

CHAPITRE II

ORIGINE DE DRÉE. — FÉODALITÉ

Le village de Drée est beaucoup plus récent que celui de Verrey-sous-Drée. Nous verrons plus loin l'antiquité de ce dernier.

Un document précieux nous servira à éclaircir les origines de Drée. C'est une charte du cartulaire de Saint-Seine où il est question d'une discussion survenue entre les moines de Saint-Seine et Albert, seigneur du village de *Dréez*, au sujet d'une chapelle bâtie par ledit seigneur sur les confins de Verrey, paroisse appartenant auxdits religieux.

Pour expliquer la construction de cette chapelle, il faut dire que ce seigneur de Drée avait eu quelques difficultés avec les religieux de Saint-Seine relativement aux dîmes, et que pour n'être pas obligé d'aller à leur église de Verrey, et sans doute aussi pour sa commodité, il bâtit une chapelle à Drée, dont il voulait disposer. C'est probablement l'église actuelle, que Courtépée fait remonter à 1120.

Avant d'interpréter notre texte, expliquons comment finit le différend. L'affaire fut portée devant l'évêque de

Langres, Geoffroy (1), qui menaça Albert de l'interdit et lui assigna un jour pour recevoir à Dijon ses excuses. Le différend fut tranché vers 1140, par la transaction suivante :

Geoffroy déclare « pour terminer les contestations qui existaient entre les religieux de Saint-Seine et Albert, seigneur de Dréez..... que, dans le comté de Mémont, il y a une possession de haute antiquité nommée *Valeriacus*, et dans cette possession une église dédiée à saint Seine et soumise à sa juridiction ; que, dans les confins de ladite possession, ledit Albert a fait bâtir le village de Dréez avec une chapelle, laquelle chapelle lesdits religieux revendiquaient comme étant de leur paroisse, ledit Albert soutenant le contraire, et, qu'après avoir ouï les raisons desdites parties, il a été réglé que l'abbé de Saint-Seine nommerait à l'église de Dréez Etienne, fils d'Albert, qui était clerc, et, qu'après qu'il aura quitté cette église par mort ou testament, ladite chapelle rentrera au pouvoir de l'abbé de ce monastère de Saint-Seine avec les biens qui lui appartiennent. » Cette pièce fut scellée du sceau de l'évêque, et de ceux de Giraud, abbé de Molesmes, de Humbert, doyen de Langres, de Jocelin, archidiacre, etc. (2).

---

(1) Geoffroy, 3⁰ prieur de Clairvaux, parent de saint Bernard, élu au siège de Langres en 1138. Dans une de ses lettres, saint Bernard l'appelle « le soutien de sa vieillesse, la lumière de ses yeux et son bras droit. »

(2) Godefridus, Dei gratiâ Lingon. Episcopus..... tam nostris quam decessorum nostrorum temporibus, diu habitam controversiam inter monachos S^{ti} Sequani et Albertum, dominum villæ quæ Drees dicitur, ad pacis bonum, hoc ordine revocasse. Est in Magnimontensi comitatu multæ antiquitatis possessio, Valeriacus nomine, et in câ beati Sequani ecclesia, et nomini dicata et juri subdita ; intra fines hujus, villam,

Geoffroy fit en cela preuve de diplomatie, ménageant la susceptibilité d'Albert et se conformant aux lois de l'époque. Car, à partir du ve siècle, l'Eglise avait permis à tout seigneur qui bâtirait une église d'en nommer le recteur.

Il faut que ceci soit arrivé avant le privilège du pape Alexandre III, qui met parmi les possessions de l'abbaye de Saint-Seine *ecclesiam de Dreis cum decimis*, l'église de Drée avec les dîmes, vers 1170. A cette époque, Etienne était mort ou avait résigné son bénéfice. Faisons remarquer ici que d'après un manuscrit du siècle dernier, l'abbaye de Saint-Seine posséda les dîmes de Drée, ainsi que de Verrey, jusqu'à la fin du XVIIe siècle. La même note ajoute que « rien ne fut donné en portion congrue, et que si aujourd'hui (vers 1774) elles valent beaucoup, cela ne vient que du défrichement des bois dont ces villages sont environnés (1). »

De l'ensemble de ces textes tâchons de faire jaillir la

---

superius nominatam, Drees videlicet, cum capella ædificavit Albertus. Hanc capellam, uti in finibus parochiæ suæ sitam, a nobis monachi repetebant. Albertus autem contra nitebatur, et, ne S^{ti} Sequani monasterio concederemus, propter quasdam, quas contra abbatem ipsius loci habebat, simultates, calumpniabatur. Nos, auditis singularium partium allegationibus... ita litem finivimus, ut puer clericus, ipsius Alberti filius, Stephanus nomine, ex abbatis beneficio facto ei hominio in vita sua tantum possideat, ita videlicet ut nullo modo vel distrahendi, vel commutandi, vel alteri ecclesiæ tradendi, vel quovis genere alienandi habeat potestatem : is si vel obierit, vel relictâ quâ impræsentiarum fungitur clericali militia, vel ad monachos, vel ad canonicos transierit Regulares, jam dicta capella ad ejus monasterii S^{ti} Sequani abbatem redeat, cum his quæ ad eam pertinere noscuntur...

Bibliot. nation., dép^t des manuscrits, fonds latins, 9874, Cartulaire 283, Cartulaire du monastère de Saint-Seine, charte III. Voir les *Actes des saints de l'ordre bénédictin*, siècle I, à la vie de saint Seine, p. 249.

(1) Bibliot. de Dijon. Courtépée : *Notes pour la description du duché de Bourgogne*, tom. VIII, f° 229, fonds Baudot, manuscrit 79.

lumière. Voici Albert qui bâtit en 1120 *villam de Dreis*. Un homme ne bâtit pas ordinairement un village en bloc. On peut supposer qu'Albert se fit construire un castellum à Drée, au milieu de sa villa, au centre de ses propriétés, avec une métairie pour les gens de son service, ou bien que si Drée existait déjà, à l'état, si l'on veut, de grange, de ferme, de fief quelconque, Albert l'agrandit, et qu'enfin il y construisit une chapelle pour sa plus grande commodité et celle des habitants, dépendants, comme précédemment, de la paroisse de Verrey.

Le village de Drée n'a donc qu'une existence incertaine et en tous cas peu importante avant l'année 1120. A dater de cette époque, il a une histoire véritable qui se confond à peu près avec celle du château qui l'a fondé, agrandi, protégé durant le moyen âge. Chérin, auteur de la *Généalogie de la maison de Drée* (1778), fait remarquer que le village a pris son nom du château.

Une partie du territoire, à l'est de Drée, se nomme *les Brûlées*. Ce mot doit désigner l'emplacement de maisons incendiées au moyen âge par les gens de guerre ou autrement, ou bien simplement la destruction par le feu des forêts ou des broussailles qui couvraient anciennement ce territoire.

Nous nous sommes demandé naturellement d'où vient le nom de Drée. Constatons d'abord l'analogie du mot *Drée*, nom du village, et du mot *Drenne*, nom de la rivière. Y a-t-il là véritablement deux noms différents, et le mot Drenne ne serait-il pas l'équivalent de celui de Drée ? Il y a un hameau de la commune d'Epinac (Saône-et-Loire) qui s'appelle la Drée, et sur son territoire passe la rivière du même nom, affluent de l'Arroux. Il doit en être de même du village qui nous occupe, au moins originairement. La Drenne a pu porter le nom de Drée, et nous nous trouvons en présence d'un de ces cas très fréquents d'une localité fondée près de la source d'une rivière et prenant le nom même de la rivière ou de la source. C'est ainsi qu'on a, dans la Côte-d'Or, Bèze, Laignes, Norges, Vougeot (1).

« Il serait difficile d'opiner sur la question d'origine des villages. Dans sa généralité scientifique, elle est très compliquée ; dans son application pratique, elle aboutit le plus souvent à des impossibilités. Cela ce conçoit : on n'a songé à écrire que sur le tard, et quand on vient aux commencements, d'un peu loin, tout est obscur ou incertain (2). »

Quoi qu'il en soit, essayons de déterminer l'étymologie du mot Drée. Nous dirons ce qui nous paraît le plus vraisemblable, manquant de qualité et de compétence pour établir une affirmation positive.

Nous pensons qu'il y a une famille de rivières ayant le radical *dru, dra, drac*. On aurait ainsi pour Drée : *villa de Drecis* ou *Dreis*, la villa aux cours d'eau. C'est ainsi qu'il y a dans l'Yonne un village appelé Druyes-les-Belles-Fontaines : *Druya, Drogus, Drogia, Droja* (3). Cette idée nous sourit assez à cause de la position topographique de Drée, non loin des sources qui forment le

---

(1) Comparez aussi les villages appelés Dracy.
(2) Lettre de Mgr Fèvre, proton. apost., du 22 février 1888.
(3) Communiqué par M. Leclerc, curé de Druyes-les-Belles-Fontaines (Yonne).

cours d'eau qui le traverse. M. d'Hugues, professeur à la Faculté des lettres de Dijon, partage notre opinion. M. Bulliot, président de la Société éduenne, pense que la forme latine *draca* est générique et s'applique à nombre de cours d'eau. La Drenne, sans avoir l'impétuosité du Drac, faisait, paraît-il, assez de ravages avant sa canalisation dans la traversée du village, canalisation exécutée en 1869 (1).

Quant à la formation du mot Drée, on peut facilement en suivre la marche, d'après les règles de la phonétique. Le point de départ étant *Draca,* on obtient *villa de Drecis,* puis *villa de Dreis,* forme qu'on rencontre souvent dans les textes relatifs à Drée, et qui par un nouveau changement donne l'ancienne orthographe française Drées, remplacée par la forme actuelle Drée.

Avant de parcourir la galerie des seigneurs de Drée, nous allons dire quelques mots sur la féodalité et sur la situation du peuple au moyen âge.

Les premières traces de l'aristocratie franque se trouvent dans le compagnonnage germain et dans les relations du chef et du client. Un certain nombre de

---

(1) M. Eichoff, dans sa *Grammaire générale,* s'exprime ainsi : « En sanscrit, *dra, dru,* aller, courir, s'élancer, d'où vient *dravas,* fuite, *drave,* rivière. Il paraît que le *v* se change en *ch* dans ces idiomes, ce qui donne *drach, draca.*

M. Pictet, dans la *Revue celtique,* tom. I, consacre un article à la racine *dru* dans les noms celtiques de rivières. Il s'appuie sur la racine verbale en sanscrit *dru (dravati),* courir, courir vite, fuir. — On pourrait rapprocher le verbe grec δι-δρά-σκω, δρᾶναι, fuir, courir. Il résulte de cette racine une foule de dénominations de rivières, qui ont presque toujours le caractère de l'impétuosité. C'est ainsi qu'on trouve en France le Drac, la Drôme (la *Druna* d'Ausone), la Durance (*Druentia*), la Dranse, le Drot, la Dronne, et plus de trente autres que nous pourrions citer dans la carte de l'Europe.

guerriers se groupent autour d'un soldat plus vaillant qu'eux et se font ses compagnons, *comites*. Le chef donne à ses soldats, avant l'expédition, des armes, des chevaux, des festins. Au moment des grandes invasions, le chef franc donne, sous le nom de bénéfices, des domaines fonciers, soit à titre de solde, soit à titre de récompense. D'abord temporaire, puis viager, le bénéfice devint inamovible et héréditaire. Le mouvement est imprimé : en vain Charlemagne, avec sa clairvoyance, veut-il s'y opposer ; les *ducs* et les *comtes* s'approprient les provinces dont le roi leur a confié l'administration.

Après la conquête, les rois francs distribuaient le territoire à leurs compagnons d'armes. Les uns, les *leudes*, n'obtenaient que l'usufruit des domaines fonciers qu'on leur allouait, et qui portaient le nom de *bénéfices ;* les autres, les *ahrimans* ou petits rois, comme celui d'Yvetot, recevaient la pleine propriété de leur domaine qui s'appelait *franc-alleu*. Ces derniers, moins protégés, ne purent résister aux attaques de puissants voisins. Cet état de choses amena le régime de la féodalité, dont voici l'organisation :

Au sommet de l'échelle domine le roi ; puis, sous lui, se placent successivement les *ducs* et *comtes*, pairs de France, les *marquis*, ou seigneurs de la frontière, les *barons*, enfin les *chevaliers*, divisés eux-mêmes en bannerets, chevaliers de haubert et bacheliers. Les colons et les serfs occupent le dernier échelon.

L'ordre féodal établit des liens nombreux qui unissent les hommes entre eux, depuis le roi jusqu'au serf. C'est un continuel échange de services rendus et reçus : là protection en haut, le dévouement en bas. La cérémonie de l'*hommage* unit le *vassal* au *suzerain*. Le suzerain, après l'expression de la soumission du vassal, lui donne l'*investiture* du sol, en lui remettant soit une motte de terre gazonnée, soit un rameau d'arbre, soit un étendard. Cette formalité avait au moins cet avantage d'être moins coûteuse que les droits actuels de succession et de mutation.

Ainsi un *fief* est un domaine noble donné par le suzerain au vassal moyennant hommage et redevance ; un *arrière-fief* est un fief mouvant ou relevant d'un autre fief, et dont le donataire s'appelle *vavasseur*.

Nous avons à expliquer maintenant les différents noms de gens de pôté, de mainmortables, de vilains, de roturiers.

Le mot de *gens de pôté* (*homines potestatis*, hommes sous la puissance d'un autre homme) indique l'ensemble des hommes libres ou non libres placés sous la puissance du seigneur.

Dans un degré inférieur, on trouve les *mainmortables*, qui ne pouvaient disposer de leurs biens (1).

Immédiatement après, souvent mainmortables eux-mêmes, venaient les *vilains*. L'homme de pôté, qui n'est pas serf, s'appelle *vilain, villain, villanus*, de *villa*. Le mot de vilain, qui n'a rien de déshonorant, pas plus

---

(1) Laurière prétend que le mot de mainmorte vient de ce qu'après la mort d'un chef de famille assujetti à ce droit, le seigneur venait prendre le plus beau meuble de sa maison, ou, s'il n'y en avait pas, on lui offrait la main droite du défunt, en signe qu'il ne le servirait plus. Adalbéron, évêque de Liège, mort en 1142, supprima cet usage barbare.

que le mot de villageois, indique le détenteur d'une métairie seigneuriale. Le vilain est soumis au seigneur sur la terre duquel il demeure, *manens*, d'où le terme de *manant*. Le vilain représente à peu près le colon romain ; il paie au seigneur une redevance qui s'appelle *taille*, d'où le mot *taillable*.

Le mot de *roturiers* (*ruptuarius*, celui qui rompt, qui brise la terre) s'applique aux métayers et aux serfs ; il est opposé au terme de noble. Ce mot de roturier, qui comportait une sorte de flétrissure, fut anobli par saint Louis : ce dernier donna aux roturiers le droit d'acquérir les propriétés devenues vacantes par le départ des croisés, et de prendre des titres de noblesse. Les rois de France, afin d'établir une aristocratie moins turbulente que les grands feudataires qui s'unissaient pour leur faire échec, multiplièrent les titres de noblesse, de sorte que, avant la Révolution, sur les 70,000 fiefs qui survivaient encore, les hommes de roture en possédaient les deux tiers (1).

En un certain sens, la féodalité, sous une forme ou sous une autre, est le fond éternel des institutions sociales. S'il est facile de la justifier, on se croit plus libre d'invectiver contre la condition qu'elle avait faite aux biens et aux personnes. Nous ne prétendons pas qu'il y eût alors sur la terre, pas plus qu'aujourd'hui, pas plus qu'en aucun temps, un bonheur parfait. Un dur joug pèsera toujours sur la tête des fils d'Adam ; leur vie sera toujours un tissu de misères. La terre où coulent le lait

---

(1) *Le Moyen âge et ses institutions*, par Oscar Havard, *passim*.

et le miel, où chacun repose en paix dans sa vigne ou sous son figuier, les rêves d'idylles, cela peut trouver place dans les souvenirs et les espérances; on le voit rarement dans la féodalité, et ce n'est pas un état concrété dans les institutions. Dans la triste et indéniable réalité, depuis sa sortie de l'Eden, la race humaine était doublement esclave de ses passions et de ses lois iniques. Les faibles avaient suivi leurs bas instincts et les forts avaient rivé aux êtres avilis des chaînes que, pendant quarante siècles, rien n'avait pu rompre. L'esclavage était réputé l'état normal de l'ordre social; les philosophes l'avaient dit, les législateurs l'avaient sanctionné, tout le monde le croyait. Chez les Romains, l'esclave n'était pas une personne ; il était inscrit sous la rubrique des choses ; c'était un outil vivant. Son maître le tenait à l'étable et le conduisait au travail comme une bête de somme ; il pouvait même le mettre à mort et ne s'y épargnait pas. Chez les barbares, la condition de l'esclave était moins cruelle, mais seulement depuis les invasions.

Pour arriver à l'indépendance, il y eut trois pas à faire pour l'esclave : l'entrée en famille, la confédération des familles en espèces de syndicats, et la propriété du sol. L'Eglise lui fit faire le premier pas en bénissant son mariage. Cette bénédiction fut, en rayonnant sur ce malheureux, la première lueur de la liberté : en devenant père, l'esclave redevint homme. L'esclave, dans les premiers siècles de l'Eglise chrétienne, dut travailler; mais il n'était pas obligé d'habiter le toit de son maître et de subir son contact avilissant, comme chez les Romains; il habita sous l'azur de Dieu, dans des maisons champêtres. Bientôt les esclaves chrétiens formèrent des associations pour réclamer la possession du sol ; la tenure devint perpétuelle et héréditaire. L'esclave fut alors reconnu comme personne ; il pouvait contracter mariage, déposer devant les tribunaux, trouver asile dans les églises et protection contre les juifs et les marchands. L'Eglise ne pouvait pas rendre, par un acte législatif, les esclaves à la liberté : l'esclavage tenait une trop grande place dans les idées, dans les mœurs, dans les lois et dans les institutions. Les intérêts et les passions créaient des obstacles que personne ne croyait pouvoir prudemment franchir. En y portant une main maladroite, on eût provoqué les catastrophes et plutôt retardé l'affranchissement. Du moins l'Eglise opposa à l'esclavage la puissance de ses dogmes et de ses mœurs. Jésus-Christ adopta ce pauvre déshérité qu'on appelle l'esclave ; saint Paul proclame qu'il n'y a plus ni Grec ni barbare, ni esclave ni homme libre, mais des enfants du même Père, des frères en Jésus-Christ. Sous la discipline de l'Eglise, la fière Romaine apprit à traiter avec douceur la fille du désert qui était à son service, car elle était chrétienne, c'est-à-dire son égale devant Dieu. Pour opérer une transformation radicale et complète dans ce sens, il fallut de nombreux et laborieux siècles d'angoisse et d'efforts. Par l'ensemble des pratiques religieuses, par son action sur les seigneurs, sur les princes, sur les événements politiques, l'Eglise lima insensiblement les chaînes de l'esclavage. A une heure bénie, ces chaînes tombèrent comme par enchantement ; et comme autrefois il avait paru impossible de se passer d'esclaves, un jour vint où il fut déclaré impossible d'en conserver plus longtemps.

Drée naît au grand jour de l'affranchissement définitif ; mais il y eut des serfs. La condition des serfs était l'intermédiaire obligé entre l'esclavage et la liberté personnelle. Le serf était attaché à la terre, mais on ne pouvait pas l'en exclure, et il pouvait acheter le droit d'en sortir. Le serf avait à peu près la libre disposition de ses économies et pouvait les employer à son affranchissement ; le serf devait se marier dans la seigneurie, mais il pouvait, si cela lui plaisait, pour une faible somme, chercher femme au dehors. S'il lui était fait violence, injustice, injure, à lui ou aux siens, il recouvrait de plein droit sa liberté. Si la loi était bénigne, l'Eglise l'était encore plus. On s'affranchissait en prenant la robe du moine ou le bourdon de pèlerin ; la veille de Noël, deux serfs étaient affranchis pour l'honneur de l'enfant Jésus ; les confesseurs imposaient comme pénitence l'affranchissement des serfs; enfin, par les formules d'affranchissement, il est clair que le seigneur est toujours mû par des motifs de foi, de conscience et de charité. Cherchez des actes de ce caractère dans les écrits de l'antiquité; vous y trouverez des duretés, des crimes, des plaisanteries ; le soupçon même de la charité ne s'y trouve pas.

En devenant hommes libres, la plupart des serfs ne possédaient pas grand'chose. Pour qu'un bienfait ne devînt pas une disgrâce, les seigneurs donnaient à chaque affranchi une chaumière pour abriter sa famille et quelque terre pour la nourrir. Ce don diminuait d'autant la fortune du seigneur; pour se dédommager un peu, il se réservait, ici quelques jours de corvée pour l'entretien des chemins, là, le dixième des fruits du bien donné, ailleurs, une rente en argent, fixe, mais toujours faible et rachetable d'ailleurs, condamnée à diminuer sans cesse par la dépréciation du numéraire et le prix croissant des terres. Telle fut l'origine de ces fameux droits féodaux, surtout de la dîme, sur laquelle il serait bien temps de ne plus déraisonner. En se réservant la dîme, le seigneur perdait les neuf dixièmes des fruits de son champ. On trouverait facilement quelqu'un qui accepterait de grand cœur la charge d'une telle redevance, s'il rencontrait un seigneur pour lui faire cadeau d'un héritage.

Après l'invasion, les désordres inséparables de l'établissement des peuples, la faiblesse des rois, les guerres de succession, les invasions des Normands, l'hérédité des fiefs, le droit de se fortifier sans la permission du prince amenèrent insensiblement la France à ne former plus qu'une république aristocratique, une confédération de petits souverains, inégaux entre eux, mais alliés les uns aux autres par des devoirs respectifs, et investis dans leurs propres domaines, sur leurs sujets personnels, d'un pouvoir absolu. La royauté n'offrait guère qu'un titre nominal.

Jusqu'au IXe siècle, les grandes propriétés, protégées par le gouvernement, comportaient plusieurs villes, *villæ*, dispersées de tous côtés. Depuis ce moment, les seigneurs, abandonnés à eux-mêmes, durent songer à défendre leurs terres. Ils vendirent, échangèrent les propriétés les plus éloignées, et achetèrent autour de leur demeure principale. On vit alors s'élever, comme des nids d'aigles, au sommet des montagnes, sur la pointe des rochers, ces *castella,* châteaux, maisons-forts, destinés à protéger les personnes et les biens. Le château se construisit ordinairement auprès de la principale villa, celle qui donnait son nom à la famille.

C'est au xiie siècle que Drée fait son apparition sur la scène de l'histoire. Sa fondation marque une grande époque. C'est l'heure où les chaînes des esclaves tombent, l'heure où ces malheureux acquièrent définitivement le droit de propriété, de domicile, de mariage, tous les droits de la vie civile, c'est l'heure où les maisons des serfs, groupées autour d'un château, d'une métairie ou d'un monastère, commencent à former des communautés rurales, et se préparent à devenir communes indépendantes ; c'est l'heure où les femmes, les enfants, les petits, les pauvres, les vieillards voient leurs droits, depuis longtemps proclamés par la religion, consacrés par la loi humaine ; c'est l'heure où, sous l'influence et l'inspiration de l'Eglise, se multiplient les écoles, les hospices, tous les établissements de charité ; c'est l'heure enfin qui sonne pour acclamer, de ses accents joyeux, l'avancement du règne de Jésus-Christ.

Le berceau de Drée est un berceau glorieux, c'est le rayonnement d'une puissance. Combien ici les appréciations diffèrent ! Les uns célèbrent le donjon ouvrant aux voyageurs ses portes hospitalières, le seigneur toujours prêt à redresser les torts, la châtelaine encourageant les héros et les vassaux réunis en liesse à l'intéressante veillée du castel. Les autres ne rêvent qu'oubliettes, barons coureurs de grands chemins, manants pendus au gibet du château. Le bon sens et l'histoire doivent s'orienter à travers ces imaginations. Le pouvoir souverain est un instrument redoutable; pour s'en bien servir, il faut sagesse et vertu, pour en abuser, il ne faut que de la passion, chose facile à trouver partout. Si l'on se tient à la question personnelle, il y eut de bons et de mauvais seigneurs.

La féodalité, illustrée par la trêve de Dieu, la chevalerie, les croisades et l'essor général de la civilisation, vit encore naître les universités, les langues et les littératures modernes. « Au XIIe siècle, dit M. Ampère, époque incomparable, tout naît, tout resplendit à la fois dans le monde moderne : tout jaillit ensemble comme par la même explosion. » Comme régime politique, sur le passé, c'est un progrès, un commencement d'organisation qui se substitue à ce régime militaire qui avait vu triompher trop souvent la force avec l'infinie variété de ses chances et l'incessante mobilité de ses caprices. Dans le présent, la féodalité empêche la restauration du pouvoir despotique à la romaine ; elle active la fusion des races par le morcellement artificiel du territoire, restitue à chaque localité le droit de défense, et oppose à la continuité des invasions une digue victorieuse. Pour l'avenir, elle dispose les éléments qui doivent concourir à la constitution du pouvoir royal et à l'affranchissement des communes.

CHAPITRE III

LES SEIGNEURS DE DRÉE
1131-1595

La famille de Drée, qui a des représentants à notre époque, est assurément l'une des plus anciennes de la Bourgogne. Nous allons chercher à travers les siècles les noms de ses membres qui n'ont pas disparu dans le gouffre de l'oubli.

Nous parlerons dans ce chapitre des anciens seigneurs de la terre et du nom de Drée. Nous signalerons aussi les familles qui ont succédé aux sires de Drée dans le château jusqu'à l'annexion de la seigneurie de Drée à la baronnie de Bussy-la-Pesle, en 1595.

I. - Albert de Drées.
1131-1150

Le premier seigneur de Drée dont l'histoire fasse mention, bien qu'il paraisse certain que cette famille existait dès avant 1120, est *Aubertus, Albertus* de *Dreys* ou *Dreis*.

Nous pensons que cette maison était plus ancienne, parce que, comme nous allons le voir, Albert était parent, peut-être cousin, *cognatus*, de Barnuin et d'Aymon, son frère, dont il sera question plus loin. C'est ce qui ressort d'une charte de la commanderie d'Uncey, où il est dit que Guy de Sombernon donne aux Templiers sur Avosne, en 1142. Témoins : Barnuin de Drées avec Aymon, son frère, et Albert, leur parent, *cognatus eorum*. Ces trois personnages avaient donc une origine commune, et on peut, sans exagération, faire remonter la famille de Drée au XIe siècle.

Albert est appelé tantôt de Drées, tantôt de Sombernon (1). A cette époque, en 1142, un Albert de Sombernon avec sa femme Agnès, ainsi que Hugues de Bourgogne et Mahaut, sa femme, Garnier de Sombernon et Mabille, sa femme, font des dons à Cîteaux sur Gergueil et Civry. Serait-ce le même que notre Albert, fondateur du village dans un certain sens ? Nous ne pouvons résoudre ce problème historique. Albert de Sombernon s'appellerait Albert de Drée à juste titre, puisqu'il bâtit *villam de Dreis cum ecclesiâ*, la ville de Drée avec l'église. A cette même époque, la puissante famille de Sombernon établit des rejetons à Saffres, à Montoillot, à Cohum (Sainte-Marie-sur-Ouche). Les fils de famille ajoutaient à leur prénom le nom de la terre qui leur était dévolue.

Quoi qu'il en soit de son origine, Albert de Drées a une existence historique à partir de 1131.

A cette époque fut fondée l'abbaye d'*Aseraule* (2) par Garnier de Sombernon. Albert de Drées est cité comme premier témoin de cette fondation. Peu après, l'abbaye ayant été brûlée, Garnier de Sombernon la

---

(1) Notes de l'abbé Merle, curé de Fontaines-les-Dijon.
(2) Aseraule ou Loiserole, hameau de Labussière (Côte-d'Or).

reconstruisit au lieu dit les Trois-Vallées, ou Labussière. Albert est encore cité avec le duc Hugues comme premier témoin de cette fondation, au premier chapitre qui fut tenu par Etienne, deuxième abbé de l'ordre de Citeaux, du temps d'Etienne, évêque d'Autun. Cette charte, signée par Eudes de Marigny, Garnier d'Agey, Arnout d'Eschannay, fut scellée du sceau du duc (1).

Comme Albert se trouve présent aux donations faites par la famille de Garnier de Sombernon, et que la famille de Garnier se trouve présente aux siennes, il y a lieu de croire qu'il y avait des liens de parenté entre les deux familles (2).

Nous avons vu dans le chapitre précédent qu'une vieille charte du monastère de Saint-Seine parle longuement d'Albert de Drées et de son fils Etienne, clerc.

La postérité d'Albert est inconnue, et les seigneurs de Drée se perpétuent probablement par Barnuin, parent d'Albert, *cognatus*, et que l'abbé Merle, dans ses manuscrits, prétend être le fils de Guy de Sombernon.

II. — Barnuin de Drées.
1150-1190

Barnuin (3) aurait épousé Alaiz, petite-nièce de saint Bernard, sœur de Garnier de Fontaines, sire de Blaisy. C'est ce qui explique les transactions nombreuses de

---

(1) Cette charte est imprimée dans le *Gallia Christiana* et dans Mabillon, *Annales*.
(2) Voir le supplément à la *Notice sur Sombernon*, par l'abbé Sautereau.
(3) Rien de plus variable que le nom de ce seigneur. On trouve Balvinus ou Bauvinus, Variminus, Balduinus, Barnuerius et Barnerius.

Barnuin et de Garnier de Fontaines à Blaisy et à Turcey (1).

Ce seigneur est témoin en 1150 d'un accord entre le duc Eudes et l'abbaye de Saint-Bénigne, au sujet de Mémont (2). Il comparaît en 1152 avec Eudes, duc de Bourgogne, Guillaume de Marigny, son connétable et autres, à une vente faite à l'abbaye de Saint-Seine par Guillaume de Chaseul (3). Il se trouve encore en cette même année présent avec le duc de Bourgogne, ses officiers et autres, à la vente de la moitié de la terre de Cuyiller (4), faite au profit de l'abbaye de Saint-Seine par Guy Gaurel (5).

Un peu plus tard, en 1154, Bauvinus de Drées est témoin dans l'acte de donation de Corcelotte à l'abbaye de Prâlon par Barthélemy de Sombernon, seigneur de Fontaines du chef de son épouse, fille de Guy, frère aîné de saint Bernard, acte relaté dans un autographe de Henri, évêque d'Autun (6).

Le même est témoin, en 1167, d'une donation faite par Guy de Vergy à l'église d'Autun, de tous les droits qu'il avait sur le forestier d'Aubaine. Vers 1168, il est témoin d'une donation de Guy, seigneur d'Antigny, faite à Crépey,

---

(1) Notes de l'abbé Merle. — Garnier de Blaisy est dit neveu de Garnier de Fontaines dans une charte de 1230. (Bibliot. nat. Cartulaire de Saint-Seine, XC.)
(2) Dom Plancher.
(3) Cartulaire de Saint-Seine.
(4) Eguilly.
(5) Cartulaire de Saint-Seine.
(6) Chifflet, *De illustri genere*, p. 462. — Les autres témoins sont : Robert, doyen de Sombernon; Nicolas, prêtre de Mâlon (Prâlon), Pierre de *Sancto Antello* (Saint-Anthot), Robert de Saffres et son frère. Jean et Gauthier sans Terre promirent par serment d'exécuter ce don.

en faveur d'Alexandre, abbé de Cîteaux (1). En 1179, il rachète quatre perches de pré près le Breuil de Châteauneuf de l'abbaye de Labussière. Témoin : Guillaume de Drées, moine (2). Environ l'an 1180, Barnerius ou Barnuerius, *miles* (chevalier) de Drées, moyennant huit marcs d'argent, fait, pour sûreté de cette somme, engagement et impignoration à Etienne, prieur de la maison de Givry ou Gevrey. Chérin pense qu'il s'agit de Gevrey (3).

Dans une déclaration de Gauthier, seigneur de Sombernon, en 1188, attestant que Aymon, fils de Humbert de Mâlain, a donné six livres de cens qu'il revendiquait sur le territoire des Trois-Vallées (Labussière), on trouve comme témoin *Variminus* (Barnuin) de Drées et Jean, son fils (4).

En 1190, Barnuin, du consentement de sa femme, de Jean, son fils et de sa femme, d'Eudes, son autre fils, et de ses filles, donne à l'église de Saint-Seine, pour le bien de son âme et de son corps, la troisième partie des deux portions de la dîme de Turcey. Fait et passé en présence de Manassès, évêque de Langres, de Nivard, abbé, Henri, moine, Bernardin, prêtre de Drées, Garnier de Fontaines, Barthélemi, son frère, *major de Sancto-Hilario* (Saint-Hélier), Robert de Saux et André, serviteurs de Barnuin (5).

---

(1) Cartulaire de Cîteaux.
(2) Cartulaire de Labussière.
(3) Cartulaire de Cluny.
(4) Chifflet, *De illustri genere...*
(5) Bibliot. nation., fonds latins, Cartulaire du monastère de Saint-Seine, charte XCIX.

Barnuin est cité comme tenant en fief de messire Garnier de Fontaines le tiers de la moitié des dîmes de Blaisy-la-Ville, dans une charte de l'an 1190, sous le sceau de Manassès, évêque de Langres, contenant donation à la susdite abbaye, par ledit messire de Fontaines, de la moitié des dîmes de Blaisy-le-Château, et du tiers dans la moitié, ainsi que de tout ce qui était dans sa mouvance dans la dîme de Blaisy-la-Ville (1).

Barnuin, Barthélemi, Garnier de Fontaines et autres chevaliers sont présents à une autre fondation faite encore en 1190, sous le sceau du même évêque de Langres, par messire André de la Bretinière, du tiers de la moitié des dîmes de Turcey (2).

Barnuin, Jean et Eudes, ses fils, unis à André de la Bretinière, font encore en 1190, sous le sceau du même Manassès, évêque de Langres, donation en aumône aux religieux de Saint-Seine, de certaines dîmes proche la ville de Drées (3).

Barnuin était mort en 1193, laissant une veuve et des enfants : Jean, Eudes et plusieurs filles (4).

Courtépée signale Aymon de Drées en 1180. Il était frère de Barnuin, parents tous les deux d'Albert. Guy de Sombernon avait encouru l'interdit sur ses terres pour avoir vexé l'abbaye de Saint-Bénigne, à Mémont. Geof-

---

(1) Cartulaire de Saint-Seine.
(2) Ibid.
(3) Ibid.
(4) Bibliot. de Dijon, Recueil de généal., fonds Baudot.

froy, évêque de Langres, l'absout. Témoin : Aymon de Drées (1).

Les seigneurie et postérité d'Aymon sont inconnues.

III. — Jean de Drées et Guillaume, son fils.

1191

Barnuin eut d'Alaiz plusieurs enfants : Jean, Eudes, Marie et une ou plusieurs autres filles ; c'est ce que l'on voit dans l'acte de donation des dîmes de Turcey à l'abbaye de Saint-Seine.

Guillaume de Drées, fils de Jean, approuva l'aumône faite à l'abbaye de Labussière par Sybille de Chailly, en 1187 (2).

Jean de Drées et Guillaume, son fils, damoiseau, prirent part à la croisade de 1191. Ils empruntèrent de l'argent à Gênes. La charte qui contient ces renseignements se trouve à la fin du premier volume des *Annales d'Aiguebelle*. Voici cette pièce :

« A tous ceux qui ces présentes lettres verront, Jean de Drées, Guillaume de Vallin, Guigues de Moreton, Humbert d'Arcis, Guigues Rachais, Hugues Boczozel, Aynard du Puy, chevaliers ; Guillaume de Drées, fils de Jean précité, Pierre de Vallin, fils dudit Guillaume, Guigues de Leyssin et Guillaume Laltier, damoiseaux, salut.

---

(1) Cartulaire de Saint-Bénigne.
(2) Bibliot. de Dijon, Courtépée : *Notes pour la description, etc.*, tom. VIII, f° 225, fonds Baudot.

» Que l'on sache que nous avons reçu de Barnaba Nicolaï, Louis de Rescho, Venerio Hospinelli et Odino d'Agmidola, marchands génois, des mains dudit Venerio Hospinelli, douze cents livres tournois, qui nous ont été prêtées pour être remboursées dans un an à Lyon, ou plutôt, le cas échéant.

» Notre cher et illustre homme Mgr Hugues, duc de Bourgogne, sur nos prières et instances, a donné auxdits marchands des lettres de garantie pour cette somme, et de notre côté, nous avons donné audit seigneur obligation sur tous nos biens et les avons mis en sa main.

» Et nous, Jean de Drées et Guillaume de Vallin, comme syndics et agents, tant en notre propre nom qu'en celui desdits chevaliers, avons, en témoignage desdites choses, corroboré cesdites lettres par l'apposition de nos sceaux.

» Fait au camp, près d'Acre, l'an du Seigneur 1191, au mois de juin (1). »

Les noms de Jean et de Guillaume de Drées sont inscrits dans les salles des croisades, au château de Versailles.

Une contrée du territoire de Drée, du côté de La Chaleur, s'appelle la corvée Jean-Guillaume : serait-ce un souvenir des preux chevaliers?

Jean aurait eu pour épouse Aaliz dont il eut : Marie de

---

(1) *Histoire d'Aiguebelle*, tom. I, p. 454. — Le texte original se trouve chez M. de Chabrillan, à Fontaine-Française. — Le siège d'Acre dura trois ans ; la plus brave noblesse de l'Europe périt pendant le siège, moissonnée par le fer ou par les maladies.

Drées, dame de Drées, Nicholas, dit Jean, Guillaume et Jourdaine (*Jordana*), dite Popone.

Eudes et Marie, frère et sœur de Jean, n'ont pas laissé de trace de postérité.

IV. — Marie de Drées, épouse de Guy de Cohum et de Gauthier de Saffres.

1193-1246

Marie de Drées, dame de Drées, fille de Jean, devint la tige des seigneurs de Drées par son fils Jean, fils de Gauthier de Saffres, qui prit le nom et le titre de sa mère.

Elle était en 1197 et 1214, épouse de Guy de Cohum (actuellement Sainte-Marie-sur-Ouche), frère de Gauthier et de Garnier de Sombernon. Elle en aurait eu Garnier, Marguerite et Marie (1).

Barnuin de Drées et Jean, son fils, et Aymon, frère de Barnuin, avaient donné un pré aux Templiers d'Uncey sur Avosne. Alaiz, épouse de Barnuin, et Aaliz, épouse de Jean, voulaient le reprendre. Marie et Jourdaine, filles de Jean, réclamèrent par Guy de Cohum. Le duc Eudes fit la paix et elles cédèrent.

---

(1) Courtépée parle d'une Marguerite de Drée comme abbesse de Crisenon, en 1281. Nous pensons qu'il s'agit plutôt de Marguerite de Druyes (Yonne). Dans un Mémoire de l'abbaye royale de Crisenon, fait par sœur Anne de la Porte, secrétaire du couvent, en 1691, il est question de Marguerite de Druyes, qui fut abbesse en 1287. La famille de Druyes, à cette époque, se signalait par sa bienfaisance à l'égard de l'abbaye. Nous tenons ces renseignements de MM. Francis Molard, archiviste de l'Yonne, et Leclerc, curé de Druyes-les-Belles-Fontaines.

Marie de Drées, devenue veuve de Guy de Cohum, épousa en secondes noces Gauthier de Saffres, frère de Hervé, sire de Saffres, dont elle eut Jean, Huguenet et Guillaume.

En 1246, elle donne sur Echannay à l'abbaye de Labussière. Elle avait aussi donné des pâturages sur Drée. Il y eut à ce sujet des difficultés qui furent apaisées par Guy, évêque d'Autun. Voici le document qui relate ce fait :

« Nous Guy, par la grâce de Dieu, évêque d'Autun, faisons savoir qu'une discussion s'étant élevée entre l'abbé et le couvent de Labussière, d'une part, et Marie, dame de Drées, veuve de Guy de Cohum, d'autre part, au sujet des pâturages de Drées et certains revenus appartenant à la maison de Labussière, et situés dans le village d'Eschannay et sur le territoire de ce village, du fief de cette dame, nous avons fait la paix de cette façon : Marie de Drées donne à Dieu et à l'église de Sainte-Marie de Labussière, et aux frères qui y servent Dieu, en aumône simple et perpétuelle, pour le soulagement de son âme et celle de ses ancêtres, avec l'approbation et du consentement de Gauthier de Saffres, son mari, tous les revenus que l'abbé et le couvent de Labussière ont à Eschannay. Elle accorde aux mêmes frères de Labussière tous les pâturages situés sur le territoire et le finage de Dreys, pour nourrir leurs troupeaux dans tous les bois, les prés, les plaines et les pâturages, de sorte que si lesdits troupeaux font du dommage dans les récoltes ou ailleurs, les religieux ne seront tenus qu'à réparer ce dommage.

» Approuvèrent ces donations et aumônes : Jean,

écuyer, et Huguenet, damoiseau, leur fils, et promirent de ne faire dans l'avenir aucune réclamation.

» A la prière des deux parties, nous avons muni ces lettres de notre sceau. L'an du Seigneur 1246, mois de juin (1). »

Marie de Drées eut de Gauthier de Saffres trois fils : Jean, seigneur de Drées, Huguenet, damoiseau (1250), et Guillaume, clerc en 1250, chanoine d'Autun en 1270.

On ne connaît pas de postérité aux frères et sœur de Marie de Drées, Nicolas, dit Jean (1193), Guillaume, damoiseau, croisé en 1191, et Jourdaine, dite Popone. Toutefois celle-ci épousa Hugues de Blaisy (1193-1214). Elle donna à Labussière deux setiers de blé sur les dîmes de Sainte-Sabine. Approuvèrent : le sire de Chaudenay, du fief duquel elle dépendait, Hugues de Blasé (Blaisy), mari de Jourdaine, et Marie, dame de Cohum, sœur de Jourdaine (2).

A peu près à cette époque, Arnou de Drées donna au hameau de Crosson, proche Labussière, la chapelle de Notre-Dame où demeuraient les frères convers.

Nous venons de voir, et nous verrons encore les seigneurs de Drées se faire les bienfaiteurs de l'abbaye de Labussière. Ils imitaient les seigneurs des environs. En retour de ces bienfaits, ils demandaient souvent leur sépulture au monastère, afin d'avoir part aux prières des religieux.

---

(1) Cartulaire de Labussière — Le lieu dit *les Bergeries*, où l'on a trouvé des ruines, rappelle peut-être l'endroit où les moines de Labussière avaient établi des bâtiments pour abriter leurs troupeaux.

(2) *Ibid.*

V. — Jean de Drées.
1246-1289

Jean de Drées, chevalier, sire de Drées, était fils de Marie de Drées et de Gauthier de Saffres. Suivant l'usage des substitutions de noms fréquents aux XIIIe et XIVe siècles, Jean prit le nom de sa mère en retenant les armes de son père. En 1234, Hervé de Saffres porte : *de gueules à cinq saffres* (oiseaux de mer) *d'argent, essorants, becqués et onglés d'or*. En 1250, Gauthier de Saffres était mort ; il avait donné à Marie de Drées, sa femme, ses armes qui sont : *cinq saffres d'argent sur champ de gueules*, primitivement *posés 2, 2, 1*.

Jean de Drées, d'après l'obituaire de Saint-Andoche d'Autun, eut pour femme Alixande.

En 1250, Hugues, abbé de Saint-Seine, atteste que « Jean, seigneur de Drées, et Guillaume, son frère, clerc, fils de Gauthier de Saffres, de bonne mémoire, ont approuvé les dons faits par ledit Gauthier et Marie, sa femme, et Huguenet, leur autre fils, consistant en sept setiers de blé assis sur les gaignages de Blancey, et furent assis sur le moulin de Drées, au bas du château (1). »

Jean de Drées mourut en 1289 ; l'obituaire de Saint-Andoche d'Autun porte en latin le texte suivant : « Aux ides de juin, trépassa Jean, sire de Drées, dame Alixande, sa femme, messires Guillaume et Jean, leurs enfants, chevaliers, etc... » Le même texte mentionne aussi le

---

(1) Cartulaire de Saint-Seine.

décès de dame Amie (*Amica*) de Saffres, par où l'on voit toujours affirmée l'union des deux familles.

Huguenet, frère de Jean, n'a pas de postérité connue (1250). Guillaume, autre frère de Jean, fut chanoine d'Autun (1250-1270).

Jean de Drées eut pour fils Jean et Guillaume (1).

VI. — Jean de Drées.
1314

Ce fut probablement ce Jean de Drées, damoiseau, qui, en 1277, donna à Etienne-le-Tondu, d'Autun, ce qu'il possédait à Barnay (2).

Jean de Drées mourut en 1314. Sa tombe est à Labussière, à main droite, joignant le siège, devers la vitre, dit Chérin. Voici son épitaphe :

† CI GIST MESSIRE JEHANS DE
DRÉES, CHEVALIER, QUI TRÉPASSA LE
MERCREDI APRÈS LES OCTIÈVES DE
PASQUES, L'AN DE GRACE MCCC ET
XIIII. PRIEZ POR L'ANME DE LUI. AMEN.

Sur cette tombe est un homme l'épée au côté, tenant d'une main un esponton, de l'autre, ses armes, qui sont : *de gueules à trois merlettes, avec un chef* (3).

---

(1) Chérin a fait une confusion en intercalant ici plusieurs membres d'une famille *Desrée*. Les Desrée étaient différents des Drées par le nom, les armes et la seigneurie.

(2) Cette charte est insérée dans le Cartulaire de l'Eglise d'Autun, publié par M. de Charmasse, p. 223.

(3) Palliot, tom. I, p. 1024.

Guillaume, son frère, mourut en 1317. Sa tombe, dit Chérin, est au fond de la chapelle de Labussière, derrière le pilier, à droite. Voici son épitaphe :

† ANNO DOMINI MCCCXVII,
IN OCTABIS NATIVITATIS BEATI JOHANNIS
BAPTISTÆ, OBIIT DOMINUS GUILLERMUS
DE DREIS, MILES. EJUS ANIMA
REQUIESCAT IN PACE. AMEN.

Sur cette tombe est représenté un homme l'épée au côté, tenant d'une main un esponton, et de l'autre ses armes, qui sont : *une fasce d'or, accompagnée de sept merlettes, quatre en chef et trois en pointe, l'écu brisé à un lambel à cinq pendants* (1).

Jean de Drées eut pour fils Jean, sire de Drées, et Hugues de Drées, sire de Savigny-le-Vieux, près d'Autun, mort en 1372, chef de la branche de Savigny.

VII. — Jean de Drées.
1332-1343

Jean est qualifié seigneur de Drées et de Grosbois dans un acte de 1332, par lequel Jean de Fontette, damoiseau, se reconnaît son vassal. Jean de Drées, Jean de Blaisey, etc., écuyers, avec noble homme messire Alexandre, seigneur de Blaisey, sont présents à l'acte passé le jeudi après la fête de la Madeleine 1335. Autres témoins :

---

(1) Palliot, tom. I, p. 1022.

Jean de Mignoul, chevalier, Etienne de Vaulx et Poiciart de Vianges, son cousin, écuyers (1).

Jean avait épousé Guillemette de Muxy (2), dame de Drées en partie, en 1349. Il mourut en 1343, et reçut la sépulture à Labussière, comme son père, au chapitre, à main droite, proche le siège. Voici son épitaphe :

      † ANNO DOMINI MILLESIMO
      TRECENTESIMO QUADRAGESIMO
      TERTIO, UNDECIMA DIE MENSIS
      JULII, NOBILIS DOMICELLUS
      JOHANNES DE DREIS
      EJUS ANIMA REQUIESCAT
      IN PACE. AMEN.

Représenté sur sa tombe, l'épée au côté, tenant d'une main un esponton, de l'autre ses armes qui sont trois merlettes avec un chef (3).

Sa veuve mourut en 1349, et fut inhumée à Labussière comme lui. Sur sa tombe était l'inscription suivante :

      † CI GIST DAMOISELLE GUIL
      LEMETTE DE MUXY, DAME
      DE DRÉES, QUI TRÉPASSA AU
      MOIS DE JUILLET L'AN DE
      GRACE MCCCXL ET IX.
      DIEU EN HAIT L'AME. AMEN (4).

---

(1) Généalogie de M. Le Laboureur.
(2) Mussy-la-Fosse, près Venarey. — On y voit encore de belles ruines du château.
(3) Palliot, tom. I, p. 1026.
(4) Nous n'avons trouvé à Labussière que la tombe de Jean de Drées, 1314 : elle est adossée extérieurement au mur du cloître ; nous ignorons ce que sont devenues les autres tombes.

L'obituaire de Saint-Andoche d'Autun porte le décès de Jean et de sa femme, en signalant leur fille, dame Guyotte de Drées, qui fut abbesse de Saint-Andoche.

Jean de Drées et Guillemette de Muxy sont rappelés dans l'acte de partage de leurs biens, fait le 8 octobre 1358, entre Robert et Guillaume de Drées, leur fils. Ils eurent pour enfants : Robert, Guillaume et Guyotte de Drées.

VIII. — Robert de Drées.
1349-1394

Robert de Drées, fils de Jean, fut seigneur de Drées et de Thorey-sous-Charny par son mariage avec Agnès de Thorey. Le fief qu'il possédait dans ce dernier village était de la mouvance de messire Girard de Latour, seigneur de Mont-Saint-Jean; il se trouve compris dans la reprise de fief de ce dernier à M. le duc de Bourgogne, pour sa terre de Mont-Saint-Jean, du dimanche jour des feux 1365 (1).

Robert assista à la montre d'Eudes de Muxy, reçue à Montbard, en décembre 1358; à celle de Jean de Chatel, reçue à Châtillon-sur-Seine en juillet 1359 (2); enfin à celle de Châteauneuf-en-Auxois, tenue le 21 mars 1364, par messire de Sombernon avec messire de Mâlain (3).

« Robert et Guillaume, seigneurs de Drées, vendent, par leur procureur, à Michel, demeurant à Dijon, leurs

---

(1) Peincedé, à l'article *Drée*.
(2) Palliot, Peincedé, tom. XX, f°⁵ 493 et 561.
(3) On appelait montre la première inspection d'un corps d'armée.

maison, fonds et appartenances, situés à Dijon, rue des Petits-Champs, près la grange de Renard Rozette, et joignant ledit acquéreur, moyennant trois florins et sous la garantie de Jean Brise Bordeant, de Drées (1). »

Robert et Guillaume de Drées font un partage, le dimanche avant la Saint-Luc, troisième jour du mois d'octobre 1358, par lequel lesdits frères confessent
» estre partis et divisés li huns de l'autre de tous les
» biens de père et de mère et autres qui estient entre
» tours communs et à partir, tant en moubles comme en
» non moubles. Li diz Guillaume emporte pour li et ses
» hoirs tout le droit que li diz enfans tant à présent
» comme après le déceps de Monsieur Jehan de Buxe-
» rolles, preste en la ville de Colomey, vers Auberive, et
» ez appartenances tant en terres, justices, etc. Item,
» tout ce qu'ils ont et porent havoir et d'avent en la
» ville, finage et territoire d'Autreville; s'oblige ledit
» Robert, lorsque ledit Guillaume tiendra sa terre, de
» lui fournir toutes ses nécessités, de lui rendre les
» couverts de sa maison en bon état, de lui délivrer
» six lits garnis selon l'état dudit Guillaume, plus, deux
» douzaines d'écuelles d'étain, six plats d'étain, demi
» douzaine de pots d'étain, trois pots de cuivre soffisans,
» deux pelles et toutes les fustailles qui sont esdites
» maisons ; convenu, qu'en cas d'eschutes de mains-
» mortes, avant que ledit Guillaume tienne sa terre, elles
» seront vendues à son profit ; plus, que si ledit Guil-
» laume veut suivre ses études, ledit Robert li doit faire

---

(1) Peincedé, à l'article *Drée*.

» ses livres jusqu'à la somme de cent florins de Florence.
» A la part dudit Robert sont et demeurent tous les
» autres biens provenus soit de père et de mère, soit
» par acquêts fais durant l'indivision desdits frères, et
» ceux à faire par la suite; s'oblige ledit Robert à faire
» tenir quitte ledit Guillaume de toutes debs qu'ils peu-
» vent avoir ensemble, tant pour cause de testamans de
» leurs devantiers comme d'autres. Et partage fait en
» présence de messire Geoffroy de Blaizé, sire de
» Mavoile (Mavilly), Gauthier de Ruy, chevalier, frère
» Guy, prieur de Grinon (Grignon), Hugues de Drées,
» écuyer (1). »

Il ressort de ce partage que Robert était l'aîné et reçut la terre de Drée.

« Guillaume et Robert de Drées, écuyers, aux environs de Pâques fleuries (1382), venèrent pour mettre en possession de l'abbaye de Saint-Andoche dame Alix de Villers; ils vierent les pannonceaulx aux armes de M. le duc fichiés au mur dessus le guichot par où l'on entre au monastère de Saint-Andoche d'Ostun; iceux Guillaume et Robert de Drées, frères (estaient) chés leur sœur en ladite abbaye; Jehan, bastard de Drées, les y ayant accompagnés, avait osté lesdits pannonceaulx de mondit seigneur, sur le commandement desdits Robert et Guillaume, père dudit bâtard de Drées. C'est ainsi que le dépose ledit Jehan, bâtard de Drées, après s'être rendu aux prisons de M. le duc en Rivaul, en robe d'escamelin décopée, dessous ladite robe et un chaperon

---

(1) Peincedé, à l'article *Drée*.

d'escamelin décopé ; sur quoi, aux assises tenúes à Ostun par honorable homme et saige maistre Guillaume de Chaonne, bailli d'Ostun et de Montcenis, le vendredi, jour de feste de saint Martin d'esté, mil trois cent quatre vingt et deux, il y eut une information à la requête du procureur de M. le duc, dans laquelle ledit Jehan, bâtard de Drées, au sortir de la prison de Rivaul, où il avait été mis, déposa tous les fais soulignés qui précèdent (1). »

« Pendent ce temps, Guillaume de Drées, seigneur de Savigny-le-Vuide, à une lieue d'Ostun, cousin de Guillaume et de Robert, ayant sû les procédures exercées contre ses cousins, se livra à des offenses et à des injures, tant aux personnes de M. le bailly d'Ostun que de Guillaume Regnart, vierg (maire dudit Autun). Il intervint jugement préparatoire du samedi après la fête de saint Martin d'été 1382, par lequel il est relâché, sous promesse d'abord de ne pas sortir de la ville et ensuite du Bailliage dudit Autun (2). »

Guillaume de Drées, frère de Robert, sire de Voisenie, par son mariage avec Philiberte de Varennes, devint le chef de la branche de Drées à Varennes-le-Grand, en Chalonnais.

Guyotte de Drées, sœur de Robert et de Guillaume, fut abbesse de Saint-Andoche d'Autun les années 1315, 1319, 1321, 1333, 1334 et 1335. Elle est signalée dans l'obituaire de Saint-Andoche après Guillaume et Guillemette, ses père et mère. Dans un passage, elle est dite

---

(1) Peincedé, à l'article *Drée*.
(2) *Ibid*.

défunte, ainsi que Guyotte, sa nièce ; toutes les deux avaient fait donation de deux bichets de froment et cinq sols de rente (1). Pour deux anniversaires fondés, Guyotte fit donation de quatre livres tournois de rente.

Il est question de Guyotte de Drées dans un arrêt du Parlement de Paris, du 4 mai 1386, concernant un litige survenu entre l'abbaye de Saint-Andoche d'Autun et plusieurs personnes, dont Guyotte (2).

Robert de Drées eut pour fils Jean de Drées.

IX. — Jean de Drées.
1415-1453

En 1415 et 1435, Jean, sire de Drées, écuyer, a un fief à Verrey-sous-Salmaise. Il figure à la montre de Semur, le 3 août 1431 (3).

En 1435, Jean de Drées, seigneur de Soussey, consent au bail du moulin du pré à Verrey, fait par Philippe de Fontette, seigneur de Verrey, à Guillaume Bigolet, de Verrey-sous-Drée.

En 1438, Jean de Drées fit des échanges avec Guyard Poinceot, seigneur d'Eguilly, ce qui fut approuvé par sa veuve et par ses trois enfants. Nous verrons bientôt l'alliance de la famille de Drées avec celle de Poinceot d'Eguilly. Devenu gendre de Jean de Drées, Guyard Poinceot cède à Jean de Stainville, sire de Montoilot,

---

(1) Le bichet équivalait à environ trois hectolitres. — Pour se faire une idée des monnaies à cette époque, on se rappellera qu'on avait un boisseau de blé pour trois ou quatre sols, et un muids (tonneau) de Volnay pour vingt sols.

(2) Arch. nat.

(3) Peincedé, tom. XX, f° 409.

toute la seigneurie que ledit Jean de Drées, son beau-père, avait à Simarre (Semarey) les Commarin, et reçoit en retour la moitié de Saveranges, que Jean de Stainville avait par indivis avec Jean de Drées, seigneur de Drées, et dudit Saveranges (1).

En 1442, Jean de Drées, écuyer, et Guyard Poinceot, sire d'Eguilly, vendent à Oudot Molain, quinze francs de rente annuelle sur leur moulin de la Croze près de Drées.

La même année, Jean de Drées a des serfs à Drées et à Saveranges.

Il vend le châtel et la terre de Muxy-la-Fosse à Bernard de Château-Villain, en disant qu'il est mouvant de son château de Jours. Procès pour ce en 1444.

Le 10 juin 1444, il est présent à la montre de Semur, tenue contre les Ecorcheurs : ceux-ci s'étaient rabattus des environs de Dijon sur Sombernon et Mâlain ; ils se dispersèrent par petites bandes dans les bois et regagnèrent Vitteaux (2).

En 1445, Jean de Drées amodie quelques propriétés à Grosbois.

Jean de Drées eut pour épouse Belle de Saint-Seigne.

Ce Jean de Drées était un seigneur très considérable. A sa mort, arrivée en 1453, son hoirie se composait :

« Du château de Drées, grange, maisonnement, ville, finage et appartenances d'icelui Drées ;

---

(1) Bibliot. de Dijon, Courtépée : *Notes pour la description, etc.*, tom. VIII, f° 225, fonds Baudot, manuscrit 79.

(2) Peincedé, tom. XX, f° 455. — Voir *les Ecorcheurs en Bourgogne*, par de Fréminville.

» De l'usage des bois de Bussy ;

» Des prés, de la ville, finage et territoire de Saveranges ;

» Du fief de Verrey et de Fontette ;

» D'une part es ville, finage et territoire de Grosbois ;

» De la ville, finage et territoire de Saint-Anthot ;

» De fiefs y compris celui de Grosbois ;

» De propriétés es lieux de Chassey et Chasserot, de Grignon, de Corey, Bissey-la-Perrière, et de la ville de Balot ;

» D'acquêts faits par lui et Belle de Saint-Seigne, à Aubigny (1). »

On doit y ajouter Jours et Mussy-la-Fosse, qui furent aussi en son pouvoir.

Jean de Drées, n'ayant encore pour enfant que Philiberte, fait une déclaration par laquelle il dit que cette dernière « sera sa seule héritière, au cas où il n'aurait pas d'autres enfants ; s'il vient un enfant mâle audit Jean, cet enfant sera son héritier de sa maison forte et terre dudit Drées, seul et pour le tout ; alors Philiberte aurait le châtel de Jours ; de plus, le possesseur du château de Drées devra donner à Philiberte à prendre sur les autres terres dudit Jean la moitié de la valeur dudit Drées. » Témoins : Philippe de Montaut, Pierre de Drées (2).

Cette déclaration paraît motivée par le mariage de

---

(1) Papiers ayant appartenu à Eudes de Mailleroncourt, sire de Sainte-Sabine, cités dans les Notes de l'abbé Merle.

(2) *Ibid.*

Philiberte de Drées, fille unique encore et fort jeune, en 1433, avec Guyard Poinceot, sire d'Eguilly.

A la mort de son père, Philiberte est héritière par moitié. Elle a un frère, Pierre, et deux sœurs, Marguerite et Jeanne, mineurs. Belle de Saint-Seigne vivait encore et eut Drées pour elle et ses enfants.

En 1455, Philiberte de Drées est dame de Quincey près de Nuits, avec Jacquotte d'Orge; en 1456, elle est dame de Bissey-la-Pierre. En 1513, elle devait être dame de Drées en partie, mère de Pierre Poinceot, écuyer, seigneur de Drées en partie et de Charigny.

Jean de Drées avait fait une fondation à l'église de Drées, comme le prouve la pièce suivante :

« Un certain traité fut fait le 25 mai 1456, entre Pierre de Fontette, les abbé et couvent de Saint-Seine, de l'ordre de saint Benoît, et le prieur de Saint-Hélier, membre dudit couvent, par lequel, narration faite que feu Jehan de Drées, écuyer, seigneur dudit lieu, ayant donné à l'église paroissiale dudit Drées, plusieurs héritages et cens succinctement détaillés et situés aux finages de Godan et de Saint-Mesmin, et tenus en fief dudit couvent tant par ledit de Drées, Jean de Baissey, Guillaume Poinceot, que par ceux de Valerot ; et le curé de Drées désirant pour ce être dédommagé desdites choses ; c'est pourquoi, pour et au lieu desdits héritages et cens, lesdits abbé, couvent, prieur de Saint-Hélier cèdent audit curé et à ses successeurs les deux parts des revenus, profits, droits en argent, grain, cire, dixmes, laine, agneaux et autres choses quelconques, appartenant audit prieur, à cause du patronage de ladite église de Drées.

Plus quarante boisseaux par moitié froment et avesne, mesure de Sombernon, annuellement et perpétuellement sur les dixmes dudit Drées et de Verrey, à la charge par les curés dudit Drées, d'acquitter les fondations contenues au testament dudit feu Jean de Drées, et de donner audit prieur, en signe de patronage, vingt deniers tournois.

» Témoins : Jean de Fontette, écuyer, seigneur de Verrey, et Innocent de Crecey, licencié en décret (1). »

Une note du manuscrit ajoute : Cette fondation ne s'acquittait plus le siècle dernier.

On voit dans l'église de Drée, à droite du maître-autel, une pierre polie encastrée dans le mur, et portant, en caractères gothiques, l'épitaphe de Jean de Drées. C'est en même temps un titre de fondation. Ce texte lapidaire n'est que la constatation du traité énoncé plus haut. Nous y voyons appréciée la valeur des donations faites par Jean de Drées, c'est sept francs de rente annuelle. Voici le texte de l'église de Drée :

Cy devant gist feu noble homme Jehan, seigneur de Drées, escuier, qui a donné au curé de cette église sept frans de rente annuelle assis à Saint Mémy et à Godan, qui depuis furent baillés par ledit curé en eschange aux religieux de Saint Seigne, et en récompensation de ce, ledit curé a eu d'eulx quatre frans demi sur le patron de céans, et quarante boisseaulx par moitié froment et aveine sur la porcion des dixmes des dis

---

(1) Peincedé, tom. XXV, f° 160.

*religieux, estant audit Drées. Et à cause de ce, ledit cu-
ré et ses successeurs sont tenus de dire et célébrer en ceste
église toutes les septmaines deux messes pour ledit
feu seigneur à toujours mais perpétuelment. Et
trépassa le XX⁰ jour d'octobre l'an mil
CCCC cinquante et trois. Dieu lui
pardonne. Amen.*

Au bas sont les armes de Drée, mutilées probablement durant la Révolution, mais que nous pouvons reproduire par une copie de l'épitaphe antérieure à cette époque, pièce qui se trouve aux archives de la paroisse. Elles sont représentées : *trois merlettes avec un chef.*

Jean de Drées eut pour enfants : Philiberte, Jeanne, Marguerite et Pierre. On ne connaît pas de postérité à ces derniers. La maison de Drées tombe entre les mains de Philiberte et de Jeanne de Drées, qui, par des alliances, introduisent des noms et des éléments nouveaux. Nous avons vu Philiberte épouser, dès 1433, Guyard Poinceot. Après la mort de Jean de Drées, le château sera habité par les Poinceot d'Eguilly, les Mailleroncourt, les Beauf-fremont, les Vingles, jusqu'au moment où la terre de Bussy-la-Pesle sera érigée en baronnie, avec annexion de Drée et de Saveranges, en 1595 (1).

---

(1) Sur les anciens seigneurs de Drée, voir Chérin, *Généalogie de la maison de Drée* (1778).

X. — Guyard Poinceot.
1433

Guyard Poinceot, sire d'Eguilly, épousa, en 1433, Philiberte de Drées, dont il eut Pierre Poinceot.

Les Poinceot d'Eguilly, famille originaire de Saint-Seine, portaient : *d'or à trois pals d'azur.*

XI. — Pierre Poinceot.
1466-1515

Pierre Poinceot, fils du précédent, était seigneur de Drée en partie en 1466, époque à laquelle eut lieu un premier partage du château de Drée entre plusieurs membres de la même famille, comme nous le verrons plus loin.

Pierre Poinceot épousa Jeanne de Cussigny (1), dont il eut trois filles : Jeanne, Chrétienne et Agnès.

Jeanne épousa Jean de Ruffey, sieur de Collonges ; Chrétienne épousa Bonaventure de Vingles, et Agnès, Christophe de Vingles, sieur de Cussigny, probablement frère de Bonaventure.

XII. — Jean de Ruffey. — Bonaventure de Vingles. Christophe de Vingles.
1523.

Ces trois personnages furent seigneurs de Drée en partie, comme nous allons le voir dans les divers partages qui furent faits du château de Drée.

---

(1) Cussigny, paroisse de Corgoloin.

XIII. — Georges de Vingles.
1554

En 1554 apparaît Georges de Vingles, écuyer, seigneur de Drée, Saveranges et Culêtre. Il fut gouverneur du château de Dijon ; il avait épousé Jeanne de Longvy, dont la tombe est à Culêtre.

Le 18 avril 1554, Georges de Vingles et Jeanne de Longvy font leur testament et désirent être enterrés dans la nef de l'église de Drée avec leurs père et mère (les Vingles). Leurs enfants mentionnés sont : Georges, Bénédicte et Jean (1).

Le 11 juillet 1558, Georges de Vingles, demeurant à Drée, fait remise d'une mainmorte à lui échue à cause dudit Drée (2). On le voit assister aux Etats en 1575.

Il eut pour fils : Denis, capitaine du château de Châtillon-sur-Seine et promu capitaine au régiment du baron de Thenissey, en 1593, et Georges, qualifié la même année lieutenant de cent hommes d'armes, sous la charge du vicomte de Tavannes (3).

On lit dans le journal de Breunot que le 29 mars 1585 le duc de Mayenne s'empara du château de Dijon que lui livra M. de Drées, lieutenant du comte de Tavannes.

La famille de Vingles, outre Georges, fournit encore un gouverneur du château de Dijon.

---

(1) Palliot.
(2) Peincedé, tom. XIX, f° 28.
(3) *La Noblesse aux Etats de Bourgogne.*

Un Claude de Vingles est témoin au mariage d'un sieur de Thostes, et d'une demoiselle de Ruffey, en 1596. Il est qualifié de sire de Drée (1).

X bis. — Hugues de Mailleroncourt.
1466

Nous devons maintenant suivre la marche parallèle de la famille créée par Jeanne de Drées, seconde fille de Jean de Drées, dont l'existence se passa aussi dans le château de Drée.

Jeanne de Drées épousa en premier mariage Hugues de Mailleroncourt, dont elle eut Pierre de Mailleroncourt.

En 1466, Hugues de Mailleroncourt était seigneur de Drée. A cette époque eut lieu un premier partage du château de Drée entre Pierre Poinceot, d'une part, et la famille de Mailleroncourt, et nobles damoiselles Marguerite et Jeanne de Drées, filles de feu Jean de Drées.

Il est question de Regnaud de Drées, religieux de Saint-Bénigne, dans l'affaire d'Antoine du Buisson, évêque de Bethléem, en 1470 (2).

XI bis. — Pierre de Mailleroncourt.
1510-1543

Pierre de Mailleroncourt était fils du précédent.

« Un traité fut passé le 7 octobre 1510 par devant Jean Parquet, notaire à Sombernon, à l'occasion du ma-

---

(1) Palliot, I, p. 143.
(2) Arch. nat.

riage de Pierre de Mailleroncourt et Charlotte de la Serrée, fille de Jehannot de la Serrée, écuier, seigneur de Marcellois, en partie. Ce traité est passé entre Jean, bâtard de Beauffremont, écuier, et Jeanne de Drées, sa femme, veuve en premières noces de Hugues de Mailleroncourt, d'une part; et Pierre de Mailleroncourt, écuier, fils de feu Hugues de Mailleroncourt et de ladite Jeanne de Drées, d'autre part (1). »

En 1511, Pierre de Mailleroncourt et Charlotte de la Serrée, sa femme, seigneur et dame de Drées, en partie, cèdent à Pierre Poinceot la moitié de Saveranges ; *item*, la moitié du châtel de Drées, selon le partage fait par ledit de Mailleroncourt avec ladite Jeanne de Drées, sa mère, à laquelle appartient l'autre moitié du châtel de Drées.

En 1519 eut lieu la transaction suivante :

« Philippe de Mâlain, écuyer, sieur de Champvans, Marguerite Poincéot, sa femme, Chrétienne et Agnès Poinceot, damoiselles, sœurs, Jeanne de Cussigny, leur mère, veuve de noble seigneur Pierre Poinceot, lui vivant écuyer, seigneur de Charigny et de Drées, en partie, Jeanne Poinceot, leur sœur, absente, d'une part;

» Et Pierre de Mailleroncourt, écuyer, seigneur dudit Drées, d'autre part, font l'accord suivant, en présence de noble seigneur Othenin de Cléron, seigneur de Saffres, et Claude d'Esguilly, chevalier, sieur dudit lieu, leurs bons parents et amis. Ils permettent audit de Mailleroncourt d'élargir la cour commune entre eux et lui du châtel de

---

(1) Palliot, tom. I, p. 145.

Drées, la maison que veut maisonner étant entre sa grosse tour, où à présent il fait sa demeurance, et une autre petite chambre à eux appartenant, étant sous une tour dudit Dréez. Témoins : de Varennes, sieur dudit lieu, Guillaume Mathé, curé dudit Dréez (1). »

En 1523 eut lieu un nouveau partage du château de Drée.

« Jeanne Poinceot, absente, représentée par son mari, Jean de Ruffey, sieur de Collonges, Agnès Poinceot, épouse de Christophe de Vingles, sieur de Cussigny, Chrétienne Poinceot, femme de Bonaventure de Vingles, toutes trois filles de feu Pierre Poinceot, lui vivant seigneur de Charigny, Drées, Chevannay et Villy, en partie, se partagent le château de Drées. Jean de Ruffey a eu la salle basse du château de Drées, de haut en bas, tenant d'un bout à la chambre de Barain qui est à Bonaventure de Vingles ; d'autre bout à la chambre de Verrey, qui est à Christophe, lequel a eu encore la vieille cuisine, la fromagerie ; Bonaventure a eu la chambre basse qui est près la maison de Pierre de Mailleroncourt, seigneur en partie dudit Dréez (2). »

En 1524, Christophe et Bonaventure de Vingles, seigneurs en partie du château de Drées, font hommage de cette partie du château à Marc de la Baulme, seigneur de Marigny, séant au châtel dudit Marigny (3).

---

(1) Papiers ayant appartenu au château de Sainte-Sabine, cités dans les Notes de l'abbé Merle. — Le sieur de Varennes doit être Guyard de Drées. (Voir 3ᵉ partie : Branche de Drée à Varennes-le-Grand.)

(2) Palliot, *Mémoires généalogiques*, t. I, p. 520 et 521.

(3) *Ibid*, p. 522. — On voit l'erreur de Chérin qui prétend que la terre de Drée était de la mouvance de Sombernon.

Ce partage occasionna des différends qui se terminèrent en 1526 par des arbitres qui furent : Jean de Clugny, grand prieur de Flavigny, Edme de Vingles, chambrier de Saint-Seine et prieur de Baulme-la-Roche, Georges de Vingles, doyen de Flavigny, Alexandre Damas, sieur de Villers (1).

Christophe de Vingles épousa en secondes noces Blanche de Menessaire (2).

En 1541, Pierre de Mailleroncourt, seigneur de Drées, donne au curé une demi-soiture de pré située sous le moulin en bas, à la charge de chanter tous les dimanches un *Libera me* à l'issue de la messe (3).

Il est qualifié seigneur de Drée dans l'acte de tutelle des enfants de Blanche de Menessaire, passé à Drée, le 18 juin 1543.

Les armes de Mailleroncourt étaient : *d'argent, à une bande de gueules, côtoyée de deux cotices de même* (4).

X ter. — Jean, bâtard de Beauffremont.
1498-1545

Jeanne de Drées épousa en second mariage Jean, bâtard de *Beffroymont*, qui était seigneur de Drée, en partie, en 1498. La famille de Beauffremont était alors établie à Sombernon.

---

(1) Palliot, *Mémoires généalogiques*, t. I, p. 900-904.
(2) *Ibid.*, p. 524.
(3) Peincedé.
(4) Palliot.

« En 1515, Jean, bâtard de Beauffremont et damoiselle Jeanne de Drées, sa femme, vendent le fief de la Motte, à Grignon, à Pierre Poinceot, écuier, sieur de Charigny et de Drées, en partie (1). »

En terminant ce chapitre, nous croyons utile de consacrer quelques pages à l'établissement des communes.

La féodalité dura quatre siècles ; vers l'an 1300, elle commença à se transformer, ébranlée, d'un côté, par les hommes libres, de l'autre, par les rois. Utile d'abord comme rudiment d'organisation, le système féodal était devenu, par la multiplication des principautés et la permanence des guerres, un obstacle au bien du peuple et à la fondation de l'unité nationale. Le seigneur, en relation habituelle avec ses hommes, pouvait les blesser par ses exigences ou se rendre méprisable par ses faiblesses. Les manants se prenaient à souhaiter un prince dont l'éloignement eût augmenté le prestige. Cependant la royauté, contrariée dans ses vues d'ensemble et fatiguée de révoltes, tendait à substituer à la hiérarchie des seigneurs féodaux une hiérarchie de fonctionnaires ne relevant que du roi, portant partout ses ordres et assurant leur exécution. Les rois trouvaient dans les guerres, dans les mariages, dans l'éveil progressif, du sentiment public, dans le concours des hommes libres, le moyen de réaliser leur vœu. De leur côté, les hommes

---

(1) Peincedé, à l'article *Drée*.

libres savaient se prévaloir de leurs droits. Eux qui sous la livrée du sauvage, avaient su former des communautés et se donner des chefs, aspiraient à améliorer encore leur condition. De ces circonstances naquirent les communes.

Voici comment elles se formaient : les habitants du village s'assemblaient et réclamaient du seigneur un titre écrit, garantissant leurs droits. Une charte d'affranchissement était délivrée qui stipulait l'impôt, les redevances, la corvée, les droits de pâture, de chasse, de pêche, de justice et de liberté. La commune n'était pas affranchie de tous droits féodaux ; mais elle avait ses magistrats ; elle formait corporation, parfois souveraine ; elle avait son sceau, sa bannière, sa cloche, symbole d'indépendance.

Thierry, Guizot, par infatuation érudite, préjugé de parti ou de secte, n'ont pas distingué parfaitement le principe moral et l'institution antérieure d'où est sortie la commune. A notre humble avis, la commune est une création de l'Eglise. Les barbares n'avaient de fixe que leur perpétuel vagabondage ; les Romains possédaient des municipes qui n'avaient, avec nos municipes modernes, de commun que le nom : l'esclavage, les castes, l'égoïsme du foyer domestique, le despotisme de la propriété patricienne répugnaient à l'organisation de la commune moderne. Le catholicisme fonda, entre ces deux écueils, là de liberté excessive, ici d'organisation trop ombrageuse, des agrégations de familles s'aimant en Jésus-Christ, destinées à vivre sur un terrain limité, sous des lois qui garantissaient à chacun les fruits de son travail, son champ, sa maison, la libre disposition de lui-même. L'église en fut le noyau dans chaque localité, en faisant converger tous les fidèles vers le sanctuaire, comme vers leur centre, par une communauté de foi et de culte, de sacrifice et d'espérance. L'unité religieuse enfanta l'unité paroissiale, l'unité paroissiale enfanta l'unité communale.

« La paroisse, cette molécule du diocèse, engendra la commune. L'intervention des évêques et des moines porta de terribles coups à la féodalité, brisa le despotisme local et initia l'Europe au régime municipal. Dès la fin du xe siècle, les conciles provinciaux de la France abritèrent sous la protection de leurs décrets le patrimoine des pauvres, et fulminèrent les plus rigoureux anathèmes contre les rapines des gens de guerre. Les premières associations datent de cette époque. Pour se défendre contre le brigandage des grands, les villes organisent, sous le patronage du clergé, des syndicats défensifs, d'où sortirent plus tard les corps municipaux actuels... On fit des corporations contre la guerre; on créa une caisse commune pour rechercher les déprédateurs et indemniser leurs victimes. L'élan était donné. Les germes de la commune sommeillaient au fond de ces associations urbaines. Le concile de Latran, en 1123, les fit éclore en confirmant ce qui avait été fait sur la paix et la trêve de Dieu... D'accidentelles, les associations de paix deviennent permanentes; chaque membre s'oblige à maintenir les coutumes et les droits. Issue des conciles, la commune engendra à son tour les grandes assemblées délibérantes, Etats généraux en France. Les gouvernements empruntent à l'Eglise son mécanisme et le transportent dans leurs constitutions politiques (1). »

Les seigneurs gardaient leurs droits privés et publics; ils les gardent encore aujourd'hui et les garderont probablement toujours. La commune avait son administration propre. Le procureur, le mayeur, le syndic étaient le pouvoir exécutif. On se réunissait, au sortir de l'office, les jours de fête, sous le porche de l'église ou sous les grands arbres du cimetière, toujours à l'ombre de la croix. Tous ouvraient leurs avis; chacun faisait valoir ses droits. Il se produisit dans la commune fusion de tous les éléments du bien, équilibre de toutes les forces; l'égoïsme individuel eut pour correctif l'amour du prochain ; la famille, par la pratique de la vertu fraternelle, s'étendit jusqu'aux limites de la commune ; l'autorité eut pour contrepoids les franchises ; au-dessus du droit de propriété s'exerçait le correctif de la charité : le village chrétien est un reflet de l'Evangile.

La commune française a suivi et subi le mouvement général de la civilisation. Quel que fût le nom de ses magistrats, le mode de leur élection et la durée de leur mandat, la commune avait sa constitution, ses privilèges, ses garanties. A chaque habitant possesseur d'un feu appartenait le droit de donner sa voix pour l'établissement des magistrats locaux, pour la publication des lois municipales, pour le choix des députés de la province, la rédaction des cahiers de doléance et le vote de l'impôt. Dans la commune s'exerçaient les influences

---

(1) *Le Moyen Age*, par Oscar Havard, *passim*.

légitimes de la vertu, du talent, de la considération et de la fortune. Là se trouvaient le patriotisme, les lumières, l'amour du bien public et cette sagesse qui transporte aux affaires de l'Etat l'ordre et l'économie d'une maison bien tenue. On avait son esprit de clocher et sa fierté de province. Une centralisation dégradante n'abaissait pas les fronts ; une cupidité effrénée ne poussait pas aux aventures. Chacun restait chez soi et s'y trouvait bien ; il faut venir jusqu'à notre siècle pour voir un homme qui quitte son pays. Séduit par un mirage trompeur, on émigre en masse vers les grandes villes où l'on rencontre, à la place d'une vie paisible et assurée dans une honnête modération, une existence mouvementée, dangereuse, fertile en déceptions de toute sorte, marquée quelquefois par la honte et le crime.

CHAPITRE IV

DRÉE ANNEXÉ A LA SEIGNEURIE DE BUSSY-LA-PESLE

Les familles de Neuchèses, de la Toison, Le Compasseur de Courtivron, vers 1579-1874.

A la fin du XVIe siècle, l'histoire de Drée se confond à peu près, au point de vue féodal, avec celle de Bussy-la-Pesle, par son annexion à cette terre (1).

Nous ignorons l'époque exacte à laquelle les descendants et les alliés de la famille de Drée abandonnèrent définitivement le château. Démantelé par les ordres de Henri IV, vide d'hôtes illustres, il ne sera plus qu'une dépendance du château de Bussy, et servira d'habitation aux gens chargés d'exploiter la terre de Drée.

A partir de 1579 environ, le château et la seigneurie de Drée furent possédés, au moins en partie, par les familles de Neuchèses, de la Toison et Le Compasseur de Courtivron. Nous dirons un mot de chacune de ces familles.

---

(1) La seigneurie de Bussy-la-Pesle fut possédée par l'abbaye de Saint-Bénigne, qui en céda la moitié à Guy de Sombernon en 1158. Guy, comte d'Auxerre et de Nevers, donna en 1239 le château de Bussy avec la châtellenie aux enfants de feu Hugues de Châtillon-en-Bazois. Depuis le XVe siècle, le domaine passa successivement aux familles de la Baume, Jeannin, des Francs, de Neuchèses et de la Toison.

(*Le Diocèse de Langres*, par l'abbé Roussel, tom. III, p. 169.)

I. — Jean-Jacques de Neuchèses.
1579

« Le 16 mai 1579, M. Jean de Neuchèses (1), chevalier, sieur de Saulon, Deffend, etc., vend à M. Jean-Jacques de Neuchèses, son frère, chevalier, seigneur de Bruy et des Francs, gentilhomme ordinaire de la chambre du roi, sa part et portion qui lui appartient ès terres et seigneurie de Bussy-la-Pesle et de Drée, consistant en la moitié partageable avec sondit frère, pour l'autre moitié, lesdites terres mouvantes, savoir : celle de Bussy, du fief du roi, et celle de Drée, de M. de Marigny, à cause de son château de Marigny, et lesdites terres advenues audit de Neuchèses, par le décès de dame Bénigne de Saulx, leur mère, ladite vente faite pour le prix de 8,333 écus (2). »

Le roi Henri IV avait trouvé dans la personne du président Frémiot un fidèle et vaillant serviteur; il sut récompenser par des bienfaits cette chrétienne famille.

« Des lettres patentes du roi Henri, du mois de mai 1595, portaient érection de la terre de Bussy-la-Pesle en baronnie, en faveur de Jacques de Neuchèses, chevalier de l'ordre du roi, sieur des Francs, époux de Marguerite Frémiot, fille du président, avec union à ladite baronnie des seigneuries de Drée et de Saveranges, Godan et Saint-Mesmin, qui étaient sujets aux guet et

---

(1) Neuchèses, *Novæ Casæ*, paroisse d'Empury (Nièvre). — Voir le *Morvand*, par l'abbé Baudiau.
(2) Peincedé, tom. XIX, f° 217.

garde dudit château dudit Drée, qu'il se propose de détruire. »

La conclusion de cette phrase est que le château de Drée fut, non pas détruit totalement, mais réduit aux proportions où nous le voyons aujourd'hui, vers la fin du XVI° siècle.

« Ces lettres patentes disent que les habitants des seigneuries ci-dessus nommées feront désormais ledit guet et garde au château dudit Bussy. Elles portent aussi création d'un notaire royal, de deux foires par an et d'un marché par semaine audit Bussy, savoir : la première foire, le 6 mai, jour de Saint-Jean, la seconde, le 12 novembre, lendemain de la Saint-Martin d'hiver, et le marché, le mercredi.

» Les habitants de Bussy furent affranchis par contrat du 16 mai 1598, passé par devant Henri Morel, notaire à Dijon, par messire Bénigne Frémiot, président au Parlement, comme tuteur et aïeul maternel de Bénigne et Jacques de Neuchèses, enfants mineurs de feu sieur Jean-Jacques de Neuchèses, chevalier de l'ordre du roi, capitaine de cinquante hommes d'armes, seigneur de Bussy-la-Pesle, et de dame Marguerite Frémiot, leurs père et mère, et de l'avis de messire Jean de Neuchèses, contuteur desdits enfants, et de l'avis aussi de messire Claude Frémiot, président en cette Chambre (1). »

---

(1) Peincedé, tom. III, f° 485.

II. — Jacques de Neuchèses, évêque de Chalon.

Vers 1620-1650

Marguerite Frémiot, sœur de sainte Jeanne de Chantal, eut quatre enfants, parmi lesquels Jacques de Neuchèses, qui fut seigneur de Bussy, abbé de Saint-Etienne de Dijon, puis évêque de Châlon-sur-Saône pendant trente-trois ans. Il mourut en 1650 et fut enterré dans le caveau de sa famille, à l'église de Bussy, alors située dans le cimetière actuel (1).

Les armes de Neuchèses étaient : *de gueules, à neuf molettes d'éperon d'argent à cinq pointes, posées en bannière, ou 3, 3, 3.*

III. — Le comte de Neuchèses.

1650-1659

L'évêque de Chalon étant mort en 1650 possesseur de la terre de Bussy, son héritier fut le comte de Neuchèses, qui vendit, le 8 janvier 1659, le fief de la seigneurie et baronnie de Bussy, composée du village dudit Bussy, et de ceux de Drée et de Saveranges, à Nicolas de la Toison, conseiller du roi en son Parlement de Dijon (2).

---

(1) Jean-Jacques de Neuchèses, époux de Marguerite Frémiot, mourut des blessures qu'il avait reçues au combat de Fontaine-Française.

(2) La terre de la Toison, proche d'Autun, dépendait, en 1642, de la baronnie de Montjeu.

IV. — Nicolas de la Toison.
1650-1690

Dénombrement du 14 janvier 1681 de la baronnie de Bussy-la-Pesle et de celle de Drée et de Saveranges, en dépendant, par Nicolas de la Toison. Il y est dit que les habitants de Bussy ont été affranchis, mais que ceux de Drée et Saveranges sont encore mainmortables (1).

V. — Claude de la Toison.
1690

Le 9 décembre 1690, reprise de la terre de Bussy, Drée, Saveranges par Claude de la Toison, écuyer, conseiller au Parlement de Bourgogne, à lui constituée par Nicolas de la Toison, aussi écuyer, ancien conseiller audit Parlement, et dame Marie Fyot, ses père et mère, en faveur de son mariage avec dame Marie de Hénin Liétard, dame de Vincelles, Thoste et Montagny.

VI. — Philippe de la Toison (1709-1748). — Hélène de Pra, son épouse (1748-1769). — Affranchissement de Drée.

Le 26 février 1709, reprise de la baronnie par Philippe de la Toison, par suite du décès et testament de Claude de la Toison, son frère (2).

---

(1) Peincedé, tom. IX, f° 634.
(2) Peincedé, tom. XXIX *bis*, f° 394.

Dénombrement du 21 avril 1728 de la terre et baronnie de Bussy, au bailliage d'Arnay, par Philippe de la Toison, écuyer, qui en a repris de fief en 1709, et à lui advenue par le décès de Claude de la Toison, son frère, pour les deux tiers, et en vertu de son contrat de mariage de 1708, pour l'autre tiers.

« Les terres et seigneuries de Fontette et de Verrey-sous-Drée relèvent en fief de la seigneurie de Drée, et les seigneurs actuels en ont repris le fief aux dernières mutations. Au château dudit Bussy sont retrayants les habitants de Bussy, Drée, Saveranges, et, de plus, ceux de Saint-Mesmin et de Godan, suivant les lettres d'érection de ladite terre de Bussy en baronnie et l'arrêt du Parlement rendu contradictoirement avec tous les habitants desdits lieux, le 14 février 1596.

» Les habitants de Bussy étaient autrefois mainmortables, mais ils ont été affranchis par transaction du 16 mai 1598, registrée à la Chambre des comptes le 6 août 1607. »

Le même texte parle de l'affranchissement de Drée sans en préciser l'époque.

« Les habitants de Drée ont été aussi affranchis, et ceux de Saveranges sont encore mainmortables, excepté trois particuliers qui ont été affranchis (1). »

Le 17 décembre 1748, reprise de la baronnie par Hélène de Pra, relicte de Philippe de la Toison, usufruitière des biens de son mari par testament olographe du 16 février 1744.

---

(1) Peincedé, tom. XXIX *bis*, f° 394.

VII. — Marie de la Toison.

1769

Le 16 juillet 1769, reprise par damoiselle Marie de la Toison, fille et héritière universelle de Philippe de la Toison, baron de Bussy, et d'Hélène de Pra.

En 1788, une jeune fille de Drée, Marie Lecloux, fiancée à Jean Moret, de Drée aussi, fut conduite à Dijon pour y être honorée comme rosière, à l'occasion de la rentrée du Parlement. On l'appela la rosière de la Petite Poissonnerie. On lui créa par bienfaisance une dot de 600 livres ; le mariage eut lieu à l'église collégiale de Saint-Jean, le samedi 29 novembre, en présence des membres du Parlement et des notabilités de la ville (1).

Les armes de la Toison étaient : *de gueules, à la bande d'or, chargée d'une rose d'azur, au bouton d'or.*

VIII. — La famille Le Compasseur Créquy Montfort de Courtivron.

XIX° SIÈCLE

Des mains de Mlle de la Toison, morte en 1805, la seigneurie de Bussy passa au pouvoir de la famille Le Compasseur Créquy Montfort de Courtivron, en la personne d'Antoine-Nicolas-Philippe-Tanneguy-Gaspard,

---

(1) Voir le récit détaillé des fêtes, publié par le journal *la Petite Bourgogne* dans les numéros des 19 août 1889 et jours suivants, récit inséré par nous dans les archives de la paroisse.

marquis de Courtivron, marié en 1779 à Stanislas-Christine de Clermont-Tonnerre, maire de Dijon en 1821, décédé en 1832.

Louis-Philippe-Marie, marquis de Courtivron, fils du précédent, épousa Constance de la Palu, fut député de la Côte-d'Or en 1824, maire de Dijon en 1830, mourut en 1865.

Les seigneuries de Bussy et de Drée passèrent ensuite en partage au marquis Stanislas et au comte Fernand de Courtivron, fils tous les deux de Charles, comte de Courtivron, mort avant son père Louis-Philippe-Marie.

La terre de Drée fut vendue en détail en 1874.

La seigneurie de Bussy appartient aujourd'hui à M. Aynard de Courtivron.

Les messieurs de Courtivron se signalèrent par leur bienfaisance envers les habitants de Bussy et des villages voisins. Ils furent généreux aussi pour la maison du Seigneur, et les deux cloches de Drée rediront longtemps les noms de plusieurs d'entre eux qu'elles portent gravés sur leur robe d'airain.

Les armes des Le Compasseur de Courtivron sont : *mi-parti et coupé, au 1, d'azur à trois compas ouverts, d'or; au 2, d'or au créquier de gueules. Le coupé, d'azur à trois bandes d'or.*

A propos de la guerre franco-allemande nous n'avons pas de fait militaire à enregistrer. Toutefois, le 4 décembre 1870, un engagement eut lieu dans les bois de Sombernon entre une colonne de Prussiens et une compagnie de francs-tireurs béarnais : Jacques Mautalen, âgé d'environ seize ans, de cette dernière compagnie, fut tué ; les habitants de Drée le recueillirent et l'inhumèrent le lendemain dans le cimetière de la paroisse. — En mars 1871, un détachement de Prussiens fit des réquisitions de la valeur de 1,647 fr., somme qui fut remboursée en partie par l'Etat.

Afin de compléter le côté féodal de notre travail, nous allons traiter successivement les questions suivantes : Parenté de la maison de Drée avec celle de saint Bernard. — Armes de Drée. — Château de Drée.

CHAPITRE V

PARENTÉ DE LA MAISON DE DRÉE AVEC SAINT BERNARD

Jeanne de Courcelles de Pourlans, fille de Louise de Drée, fille elle-même de Guillaume de Drée, seigneur de Gissey-le-Vieil, dernière abbesse de Tart, morte en 1651, se glorifiait souvent d'être parente de plusieurs saints canonisés, entre lesquels saint Bernard tenait le premier rang (1).

Nous savons que les membres actuels de la famille de Drée conservent la même foi et le même souvenir pieux. C'est cette prétention que nous allons essayer de justifier.

La parenté de la maison de Drée avec saint Bernard est incontestable. Nous apporterons en preuve les données historiques recueillies dans les notes de M. l'abbé Merle, curé de Fontaines-les-Dijon, et dans divers auteurs.

Les seigneurs de Drée descendent tous de Marie de Drée, épouse de Gauthier de Saffres, nous l'avons établi. On a vu que Jean de Drée, fils de Marie, prit le nom de

---

(1) Voir sa vie publiée à Lyon en 1699.

sa mère et garda les armes de son père, chose commune à cette époque.

Marie de Drée était petite-fille de Barnuin que quelques-uns pensent être fils lui-même de Guy de Sombernon, famille alliée à saint Bernard. En outre, Barnuin avait épousé Alaiz, petite-nièce de saint Bernard, de sorte que Marie de Drée aurait une double parenté avec la famille de Fontaines, comme petite-fille d'Alaiz et de Barnuin, et comme épouse de Gauthier de Saffres, descendant lui-même de la famille de Fontaines.

En effet, Gauthier de Saffres, frère de Hervé, lequel Hervé mourut à la croisade de 1249, était petit-fils de Hervé de Saffres, mort en 1204. Or cet Hervé de Saffres était cousin germain de saint Bernard, puisqu'il était fils avec Etienne, seigneur de Fontaines en 1200, de Eudes de Châtillon, seigneur du château de Saffres et d'un fief à Fontaines, frère de Tescelin le Roux, seigneur du château de Fontaines et d'un fief à Saffres, père du saint docteur.

De plus, Hervé de Saffres, cousin de saint Bernard, épouse en 1147, Marie de Marey et de Fontaines, qu'on croit petite-nièce de saint Bernard, de sorte que les sires de Saffres, et par conséquent ceux de Drée, seraient bien réellement du même sang que le grand abbé.

Bien plus, ils lui seraient parents du côté paternel et du côté maternel. Hervé de Saffres, en effet, se trouve être cousin germain de saint Bernard du côté de son père et du côté de sa mère.

Eudes de Châtillon, ancêtre des Saffres, qui reçut de son père la seigneurie de Saffres, tandis que son frère

Tescelin possédait celle de Fontaines, épousa Diane de Montbard, dont il eut, croit-on, Robert, abbé de la Maison-Dieu ou de Noirlac, au diocèse de Bourges, ainsi que Hervé et Simon de Saffres, doublement cousins germains de saint Bernard, puisque Tescelin le Roux, frère d'Eudes, épousa Aleth, sœur de Diane. Ces deux sœurs étaient filles de Bernard, seigneur de Montbard, et de Humberge, dont la famille était alliée aux maisons de Saulx, de Grancey, de Saffres, de Pontailler, de Cléron, de Charny, de Noyers, de Marey et de Chissey (1).

Le père d'Eudes de Châtillon et de Tescelin le Roux était, d'après plusieurs auteurs, Tescelin de Châtillon qui eut pour épouse Ève de Grancey et fut l'ancêtre des familles qui nous occupent. Le père Chifflet cite une charte de l'an 1100, où l'on parle d'une Aleth de Montbard et d'Ève de Châtillon, dames de Saffres et de Fontaines.

Cette parenté de la famille de Saffres avec saint Bernard est affirmée en 1336. Au mois d'avril de cette année, Jean de Saffres, doyen de la cathédrale, « de la famille de saint Bernard, » prend possession du siège de Langres, au nom de Guy III Baudet, 75ᵉ évêque de Langres (2).

C'est ainsi que l'histoire autorise la tradition admise dans les familles de Drée, de Cléron, etc., de siècle en siècle, savoir, que leurs membres peuvent revendiquer une parenté avec saint Bernard (3).

---

(1) Voir la généalogie de saint Bernard, par M. l'abbé Jobin, dans le *Rosier de Marie*, année 1887, et le *Journal des saints de l'ordre de Cîteaux*.
(2) *Histoire des évêques de Langres*, par l'abbé Mathieu.
(3) Pour la famille Cléron, voir aussi Courtépée, à l'article de *Villy-le-Moutier*.

Nous invoquons aussi, à l'appui de notre thèse, la similitude des armes entre les seigneurs de Drée, qui ont adopté celles des Saffres et les seigneurs de Châtillon, comme seigneurs de Saffres, question que nous allons étudier dans le chapitre suivant (1).

---

(1) Pour la composition de ce chapitre et du suivant, nous avons puisé abondamment dans les notes manuscrites de M. l'abbé Merle, curé de Fontaines-les-Dijon, véritable arsenal où l'on trouvera quantité de choses sur les principales familles féodales de la Bourgogne. Ces notes appartiennent aujourd'hui aux missionnaires diocésains, à Fontaines-les-Dijon.

CHAPITRE VI

ARMES DE DRÉE

La devise de la maison de Drée est : *Officii laudisque tenax*. Il est difficile de traduire en français cette fière devise dont le sens est : *Apre au devoir et à la gloire*.

Les armes de Drée sont : *de gueules à cinq saffres, ou merlettes, d'argent, posées 2, 2, 1*, regardant de sénestre à dextre, et non de dextre à sénestre, comme Chérin l'a représenté fautivement en tête de sa généalogie de la maison de Drée.

Cet écu est celui de la famille de Saffres : il passa de Gauthier de Saffres, époux de Marie de Drée, à son fils Jean de Drée, comme nous l'avons vu à l'article de Jean de Drée (1246-1289).

Les armes de Saffres étaient : *de gueules à cinq saffres*, oiseaux qu'on trouve essorants dans les armes de plusieurs sires de Saffres.

« Les anciens seigneurs de Saffres, au duché de Bourgogne, près Vitteaux, du surnom de Saffres, étaient gentilshommes de nom et d'armes, et portaient : *de gueules à cinq saffres* (ce sont orfraies, aigles de mer, qui ont une de leurs pattes comme celle d'une oie, appelées par ceux de ce pays, descendus par les femmes, saffres) *s'essorant d'argent* (1). »

Hervé de Saffres, en 1234, porte : *de gueules à cinq saffres d'argent, essorants, becqués et onglés d'or*. De même Guy de Saffres, dont la tombe était à la Maison-Dieu de Saffres, actuellement à l'hôpital de Vitteaux, dont voici l'épitaphe :

En l'an mil deux cent soixante et dix-neuf, au mois d'Host, trépassa de ce siècle messire Guy, chevalier, jadis sire de Saffres : proiés l'anme de li. Tombes à l'église des Cordeliers de Châtillon : Hervé de Saffres (1306). (Cinq merlettes.) *Item*, Béatrix de Saffres (1318).

On retrouve cet écu chez les sires de Châtillon-sur-Seine, seigneurs de Saffres, d'où descendent les seigneurs de Saffres, comme le prétend Courtépée, et par conséquent, les seigneurs de Drée. L'abbé Baudiau, parlant de Garnier, *alias* Guy de Saffres, inhumé dans l'abbaye de Labussière, en 1305, le dit issu des sires de Châtillon-sur-Seine. Il porte *cinq saffres, brisé d'un lambel à cinq pendants*.

Eudes de Châtillon, seigneur de Saffres et de Fontaines-les-Dijon, frère aîné de Tescelin le Roux, porte comme aîné l'écu simple : *de gueules à cinq saffres d'argent, s'essorant*. Tescelin de Châtillon, comme cadet, coupa l'écu de sa famille d'une fasce d'or, et garda les cinq saffres, posées trois en chef et deux en pointe. Les puînés coupèrent l'écu de diverses manières.

---

(1) *Indice armorial* de Géliot, Dijon, 1661.

Jean de Fontaines, vers 1300, et son fils Gilles, mort en 1312, ont un écu fascé de cinq saffres. Guillaume de Fontaines, enterré en 1307 à Bonvau, porte cinq saffres avec un lambel à cinq pendants.

« L'écu de Fontaines est de pourpre, les oiseaux, d'argent et fasce d'or. Les armes de Saffres durent encore dans la maison de Cléron d'Haussonville, descendant par les femmes, d'Othon de Châtillon, seigneur de Saffres, et du B. Tescelin, seigneur de Fontaines. Dans l'appendice de Chifflet, il est question de la famille de Drée, que je suppose venir de Saffres. Bien que les oiseaux soient appelés, dans les savants de Bourgogne, des merlettes, souvent ils s'appellent, chez les Français, des saffres. Ils sont dessinés de la même façon, d'argent, écu de pourpre, avec des pattes et un bec, qui manquent toujours aux merlettes (1). »

Les sires de Sombernon avaient à peu près les mêmes armes que ceux de Saffres et de Drée. La femme de Guy, frère aîné de saint Bernard, qu'on appelle la B. Elisabeth, était peut-être Marie de Sombernon. De ce mariage, vinrent deux filles : Adeline, qui fut abbesse de Poulangy (Haute-Marne), honorée comme bienheureuse le 2 septembre, et une autre mariée à Barthélemi de Sombernon ; c'est par cette dernière que la famille de saint Bernard s'est perpétuée jusqu'à nos jours (2).

L'ancien écu de Sombernon portait une fasce et six

---

(1) *Mémoires de la Société bourguignonne*, tom. III.
(2) Voir l'article sur la généalogie de saint Bernard, publié par M. l'abbé Jobin dans le *Rosier de Marie*, année 1887.

merlettes (1), posées trois en chef et trois en pointe, 2, 1. Ainsi Hervé de Sombernon (1230), Laure de Bordeaux (2), femme de Guillaume de Montagu, sire de Sombernon, porte le même écu ; seulement les oiseaux n'ont ni bec ni ongles. Ce qui semble confirmer l'alliance de la famille de Sombernon avec celle de Fontaines. Le père Anselme dit que Guillaume de Saulx eut pour femme Bellote, dame de Fontaines, fille de Kalon de Sombernon et sœur ou cousine de Garnier de Sombernon, seigneur de Fontaines, chevalier, estimé petit-neveu de saint Bernard.

Les armes de Sombernon se retrouvent dans la famille de Montoillot, probablement de la même origine. Donnot de Fontaines est qualifiée fille de Jean de Fontaines et veuve de Hémonin de Montoillot dans un acte du mois d'août 1302 (3). On trouve Gaston de Saux, parent de Jean de Fontaines et de Hervé de Saffres, en 1343. Ainsi figure l'écu de Perinot de Montoillot (1317). Il en est de même de la famille de Cohum (Sainte-Marie-sur-Ouche). On y trouve les trois merlettes et la fasce.

Pour revenir aux armes de Drée, on les voit différemment blasonnées en l'abbaye de Labussière, où reposent plusieurs membres de cette famille : tantôt une fasce accompagnée de sept merlettes, quatre en chef et trois en pointe, l'écu brisé à un lambel à cinq pendants : Guillaume de Drée, frère de Jean (1317) ; tantôt trois merlettes avec un chef : Jean de Drées (1314). Lorsque

---

(1) On appelle merlettes des canettes ou petites canes, qui n'ont ni bec ni pattes. (*Grammaire du blason*, par Simon.)
(2) Bordeaux, vieux château ruiné, près Saint-Symphorien, à trois lieues d'Autun.
(3) P. Anselme.

l'écu de Drée est coupé, c'est que ces seigneurs n'appartiennent pas à la branche aînée; les puînés diminuaient l'écu sans changer l'émail (1).

En 1575, les sires de Drée de la Serrée portaient : *de gueules à cinq merlettes d'argent, posées 2, 2, 1,* et la pointe de l'écu en accolade. C'est le blason de la famille actuelle de Drée.

---

(1) Voir le P. Menetrier. — *Nouvelle Méthode du blason*, Lyon, 1761.

CHAPITRE VII

CHATEAU DE DRÉE

Chérin dit que l'ancien château de Drée était placé sur un rocher très escarpé, au-dessus du village ; que dans les anciens titres et jusque sur la fin du xve siècle, il était qualifié de Maison-fort. Il ajoute : on n'y voit aujourd'hui (1778) que des ruines et quelques parties de murs fort épais.

Malgré notre bonne volonté, nous n'avons pu découvrir nulle part, sur les hauteurs qui dominent Drée, quelque vestige d'ancien château. Nous pensons que le correspondant de Chérin s'est mépris, ou bien que l'escarpement désigné n'est autre chose que l'assise ou motte sur laquelle repose le château de Drée.

En effet, en étudiant ce qui reste de cet édifice, nous reconnaîtrons plusieurs caractères architectoniques de l'art militaire au xiie siècle. Notre histoire locale nous apprend que le premier seigneur connu de Drée, Albert, bâtit une *villa* en même temps que l'église. Or le vieux château de Drée se trouve à proximité de l'église, qui servait aux gens du seigneur comme aux premiers habitants de Drée. Cette église elle-même révèle bien l'architecture du xiie siècle. Nous avons donc sous les yeux le

ÉTAT ACTUEL de L'ANCIEN CHÂTEAU de DRÉE

premier *castellum* de Drée, avec sa chapelle extérieure, son *bayle*, etc. Nous dirons de suite pour être exact, que ce château a subi des remaniements et des modifications à l'époque des armes à feu. Il est vrai qu'à cette époque du moyen âge, on choisissait de préférence les sommets, mais on bâtit en plaine aussi; en s'entourant des avantages fournis par la nature, en y ajoutant des travaux de fortification.

Le commencement du xiie siècle est signalé comme époque dans l'architecture militaire. Les châteaux du moyen âge sont une imitation des travaux militaires des Romains. Les fortifications romaines se composaient d'une enceinte d'épaisses murailles, flanquées, d'espace en espace, de tours rondes ou carrées. Il y avait trois sortes de forteresses : les plus importantes étaient les *castra* ou camps ; celles de second ordre s'appelaient les *castella*, postes fortifiés, citadelles, d'où le mot château ; enfin les *burgi* ou châteaux forts (1).

Le château de Drée est situé à l'extrémité nord du village, sur la rive droite de la rivière. Les tours furent démantelées par les ordres d'Henri IV. Nous savons, en effet, que, en 1595, ce prince, en érigeant en baronnie la terre de Bussy-la-Pesle, y rattacha Drée, Godan et Saveranges, dont les habitants furent retrayants du château de Bussy, au lieu de celui de Drée, « qu'il se propose de détruire (2). » Cette destruction porta

---

(1) *Eléments d'archéologie,* par Batissier, p. 520.
(2) C'est à la même époque que le roi Henri IV, pour rendre impossibles les guerres de partisans et de religion, fit raser les principaux châteaux de la Bourgogne : Talant, Vergy, Saulx-le-Duc, etc.

principalement sur le sommet des tours, comme on le voit par les débris immenses qui gisent au pied de ces tours. Les châteaux du XIIe siècle, dit Viollet-le-Duc, sont des enceintes étendues, assez basses, flanquées de quelques tours étroites, isolées, ne contenant que des bâtiments de peu de valeur. Le même auteur dit que le système défensif des châteaux antérieurs à la deuxième moitié du XIIIe siècle, consistait en des tours d'un commandement considérable, réunies par des courtines peu élevées, libres à l'intérieur, afin de permettre l'établissement de puissantes machines de jet posées sur le sol. Ceci explique comment il se fait que dans la plupart des châteaux, on ne voit pas de traces d'habitations adossées à ces courtines.

Les quatre tours du château de Drée, servant de bastions d'angles, forment une enceinte rectangulaire de vingt mètres à peu près de développement de chaque côté. Il serait difficile de rendre à ce vieux castel sa physionomie première. Les tours du XIIe siècle étaient couronnées d'une galerie de machicoulis en pierres et surmontées de créneaux.

La tour la plus remarquable malgré son état de délabrement, est celle située au nord-ouest. Elle est carrée, bâtie en angle saillant du côté de la rivière. Elle n'offre pas d'ouverture au rez-de-chaussée ; au premier étage, du côté droit, petite fenêtre carrée de vingt centimètres de largeur sur quinze de hauteur, évasée intérieurement. Les étages n'étaient pas voûtés, mais reposaient sur des planchers de bois, ce qui est le caractère des donjons romans ; au deuxième étage, meurtrière mince, allongée, dans la face extérieure de la tour. Au bas de cette tour, dans l'épaisseur du mur, grand arc plein cintre, à vive arête ; intérieurement, autre arc plus petit à angles coupés, présentant au sommet une pointe de diamant en relief ; au bas, à droite, une volute. Au fond de cette ouverture, mur plein ; en haut, deux trous carrés se prolongeant dans l'épaisseur du mur jusqu'au sommet de l'édifice. Nous pensons que c'était une conduite d'eaux pluviales, suivant le système des Romains. « Nous avons souvent vu, dit Viollet-le-Duc, dans des châteaux des XIIe et XIIIe siècles, des conduites carrées en pierre, ménagées dans l'épaisseur des constructions (conduites qu'il ne faut pas confondre avec les porte-voix), et qui étaient destinées à envoyer dans des citernes les eaux pluviales tombant sur les combles (1). » Comme exécution, cette tour est très belle par la disposition de ses appareils et dénote bien l'école française du XIIe siècle, qui ne fut jamais dépassée et fut rarement égalée par celle du XIIIe.

Cette tour communiquait avec des magasins ou caves par une porte fermant au moyen de barres de bois rentrant dans l'épaisseur de la muraille. Cette galerie, aujourd'hui à moitié comblée, se développait dans tout l'intervalle situé entre les deux tours, du côté occidental du château. Elle est voûtée solidement. Au milieu de cette pièce, on voit des piliers rectangulaires, trapus, à angles coupés, posés à un mètre soixante-dix l'un de l'autre, terminés par un arc plein cintre. Ces piliers

---

(1) *Dictionnaire raisonné de l'architecture française*, article **Conduite**.

offrent des moulures : l'un possède un chapiteau avec fleuron à chaque angle; un autre porte à sa base, sur chacune de ses faces, un chevron en relief; sur la face antérieure, le chevron est bordé en bas par une ligne droite en dents de scie, moulure très usitée au XIIe siècle. Dans ces magasins, à côté de la porte de communication avec la tour, on aperçoit l'orifice d'un puits presque comblé.

La tour nord-est, à droite de l'entrée du château, n'existe plus. On a dû prendre ses matériaux pour construire les bâtiments de service qui la remplacent : on le voit aux appareils qui ornent plusieurs ouvertures.

Nous arrivons à la tour sud-est, à gauche de l'entrée. Elle est quadrangulaire, développe neuf mètres sur huit, contrefort à l'angle extérieur. Au rez-de-chaussée, porte intérieure avec corbeau à double tore chevronné; fenêtre extérieure, du côté du fossé, forme meurtrière allongée, évasée intérieurement. Au premier étage, grande cheminée couronnée d'une belle corniche à angles arrondis, gros tore, consoles au-dessus des pieds-droits; fenêtre évasée avec banc, du côté du fossé; du côté de la cour et à l'extérieur, fenêtres avec l'accolade; porte ornée de corbeaux à double chevron angulaire avec filet. Au second étage, meurtrière allongée de six centimètres de largeur sur un mètre de hauteur; cheminée dont il ne reste que la base des pieds-droits, carrée. Cette tour est bien appareillée, sans enduit extérieur.

La présence de l'accolade accuse la fin du XIVe siècle, et surtout le XVe et le commencement du XVIe. Il ne faudrait pas en conclure que cette tour, ainsi que la tour ronde qui suit, et qui porte également ce caractère, soient aussi postérieures au XIIe siècle. Il est vrai que quelques châteaux ne se composaient que d'un simple donjon entouré d'une enceinte et de quelques logements, et qu'à la rigueur la tour nord-ouest aurait pu servir de donjon à Albert de Drée. Mais l'ensemble de cette motte, le développement des fossés, certains caractères d'architecture pourraient laisser supposer que les tours existantes sont du XIIe siècle ; seulement il y eut des remaniements à Drée comme presque partout, principalement à l'époque des armes à feu. Il n'est pas prudent, on le voit, de tirer de conclusion ferme.

La tour ronde, au sud-ouest, est établie sur une base carrée ; elle présente des meurtrières évasées intérieurement, une ovale en bas, protégeant la courtine ; aux étages supérieurs, une fenêtre oblongue, une carrée, une autre à accolade.

Ces tours existaient assurément au XVe siècle, puisqu'en 1519, Pierre de Mailleroncourt bâtit une maison « entre la grosse tour et une autre tour, » comme nous l'avons vu à l'article des seigneurs de Drée. C'est à cette époque qu'il faut placer la construction, en retraite de la grosse tour, du corps de logis faisant raccordement entre les deux tours du côté du midi. Les guerres d'Italie, dit Viollet-le-Duc, donnèrent à la noblesse des goûts pour les résidences somptueuses ; beaucoup de seigneurs, conservant le donjon et les tours principales, comme signe de leur ancienne puissance, jetèrent bas les courtines fermées qui les réunissaient, et les remplacèrent par des bâtiments largement ouverts. Il faut dire aussi qu'à cette époque s'imposait l'agrandissement du château de Drée par suite de l'établissement de quatre familles alliées. Cette aile de bâtiment n'a qu'un étage supérieur. Les fenêtres géminées sont surmontées de l'accolade. Au premier étage du côté de la cour, se trouvaient deux fenêtres aujourd'hui fermées, avec balcon dont on voit les corbeaux. Au rez-de-chaussée, à côté de la tour ronde, maison d'habitation portant un écusson mutilé à la cheminée; fenêtre divisée en quatre baies par un meneau perpendiculaire et un meneau transversal.

Entre la tour ronde et la tour du sud-ouest existait la salle basse du château, avec étages supérieurs; toute cette aile a été détruite pour faire place à des bâtiments de service.

Le château de Drée était environné par le cours d'eau du côté du midi et du côté de l'ouest, et par un fossé dans les autres parties de son périmètre. L'arcade du pont, aujourd'hui comblé, se trouve à fleur du sol, à quelque distance en avant de la tour carrée. On sait que jusqu'au XIVe siècle, il n'y avait pas de pont-levis; on employait, pendant les XIIe, XIIIe et XIVe siècles, des genres de fermeture à bascule : on avait le *tapecu*, qui, roulant sur un axe placé horizontalement au sommet du vantail, retombait sur les talons du sortant (1).

La contrée voisine du château de Drée a conservé le nom de *bayle, bel*. Le *bayle* était un large espace découvert, ou grande cour, dans laquelle il y avait ordinairement une église ou chapelle; c'était le bayle extérieur.

---

(1) Viollet-le-Duc.

Après cette cour extérieure, venait la seconde enceinte ou bayle intérieur, renfermant la maison du seigneur. « Bayle, bayle, belle, est une fortification extérieure, formée de pieux, barrière, palissade, poterne. Il s'employait dans le sens de barrière, enceinte, sans idée de défense militaire (1). »

Le four banal se trouvait en dehors du fossé, à l'emplacement de la maison Minotte. Il y avait un colombier du château.

Nous terminerons ce chapitre d'architecture militaire par la réflexion suivante de Viollet-le-Duc : « Respectons ces ruines, si longtemps maudites, maintenant qu'elles sont silencieuses et rongées par le temps et les révolutions; regardons-les, non comme des restes de l'oppression et de la barbarie, mais bien comme nous regardons la maison désormais vide, où nous avons appris, sous un recteur dur et fantasque, à connaître la vie et à devenir des hommes. La féodalité est morte; elle est morte vieillie, détestée; oublions ses fautes pour ne nous souvenir que des services qu'elle a rendus à la nation entière en l'habituant aux armes, en la plaçant dans cette alternative ou de périr misérablement ou de se constituer, de se réunir autour du pouvoir royal, en conservant au milieu d'elle et perpétuant certaines lois d'honneur chevaleresque que nous sommes heureux de posséder encore aujourd'hui et de retrouver dans les jours difficiles. Ne permettons pas que des mains cupides s'acharnent à détruire les derniers vestiges de ses

---

(1) *Dictionnaire de l'ancienne Langue française*, par Godefroy.

demeures, maintenant qu'elles ont cessé d'être redoutables, car il ne convient pas à une nation de méconnaître son passé, encore moins de le maudire (1). »

L'histoire d'un village se condense à peu près en celle du château et en celle de l'église. Nous avons étudié la partie féodale de notre sujet ; nous allons maintenant considérer le côté religieux dans les chapitres suivants : Eglise de Drée, cimetière. — Paroisse de Drée, curés, presbytère. — Biens de la cure avant la Révolution. — Fondations anciennes. — Croix situées sur la paroisse.

---

(1) Viollet-le-Duc, art. *Château*, fin.

CHAPITRE VIII

ÉGLISE DE DRÉE. — CIMETIÈRE

L'église de Drée, dans ce qui existe du type primitif, paraît être de 1120 ou environ, comme le dit Courtépée. Nous ne sachons pas qu'il y en ait eu jamais une autre. Elle serait donc bien l'église bâtie par Albert de Drée, dans la première moitié du XIIe siècle, avec des modifications très diverses apportées subséquemment. Comme un grand nombre d'églises de cette époque, elle fut placée sous le vocable de la Vierge, et s'appelait Notre-Dame de Drée. Saint Denis est le patron du village.

Cette église mesure 26^m 60 de longueur dans œuvre, 6^m 30 de largeur dans la nef, 5^m 95 de hauteur sous voûte.

La porte est du XIIe siècle ; au tympan, on voit une croix grecque fleuronnée (1). La nef est de la même époque, comme on le voit dans le style des deux fenêtres éclairant les autels latéraux. Les quatre autres fenêtres ont été remaniées et évasées dans les temps modernes.

---

(1) On trouve un type semblable sur des tombes à l'église de Labussière, et dans le portail de Saint-Andoche, de Saulieu, église consacrée en 1119. « Les plus anciennes croix sculptées, dit Viollet-le-Duc, sont presque toujours à quatre branches égales. »

Une pierre d'amorce visible extérieurement dans le mur, du côté du midi, est peut-être un reste du clocher : « Les clochers du XIIe siècle, dit Viollet-le-Duc, se trouvaient le plus souvent élevés dans le voisinage de la sacristie, ou sur un des murs goutterots de l'église, ou sur un contrefort. »

Le sanctuaire, un peu plus élevé que la nef, paraît être de la fin du XIIe siècle, époque de transition. Il offre une voûte en berceau, divisée en deux travées par des arcs doubleaux. Au midi, grande fenêtre à voussure trilobée ; au nord, petite fenêtre très évasée à l'intérieur, avec trilobe plein à l'extérieur, bordé d'un filet inscrit dans un filet supérieur, circulaire. Un fleuron moderne à la clé de voûte ; ailleurs, le chiffre de 1687, accompagné des initiales de Jésus, date probable de quelque réparation. Le sanctuaire est très incliné à droite ; des auteurs y voient l'image du Christ mourant, *inclinato capite*. Viollet-le-Duc écarte le sens symbolique, il fait remarquer que toutes les églises qui présentent cette déviation dans leur axe, sont de la fin du XIIe siècle ou du commencement du XIIIe. A cette époque eurent lieu des raccordements nombreux, et ces opérations ne laissaient pas de présenter des difficultés de plantation assez grandes, surtout dans un temps où l'on ne possédait pas d'instruments de précision appropriés à la plantation des édifices (1). La fin du XIIe siècle vit beaucoup d'agrandissements, surtout des sanctuaires, pour le développement et la beauté des cérémonies, système employé d'abord par les religieux,

---

(1) *Dictionnaire raisonné de l'Architecture française*, art. *Chœur*.

puis par les évêques. Une chambre est pratiquée dans l'angle du mur, du côté de l'Evangile; elle était munie de porte et de serrure; c'était apparemment l'armoire des saintes huiles, vases sacrés et probablement de la sainte réserve ; car les tours et tabernacles placés sur les autels, et destinés à recevoir les saintes espèces, n'étaient guère répandus jusqu'au xve siècle (1).

« A côté des autels, dit Viollet-le-Duc, une armoire était réservée autrefois, soit pour conserver sous clef le Saint-Sacrement, soit pour renfermer les objets nécessaires au service de la messe, ou les trésors. »

Voûte lambrissée à tirants apparents, du xve siècle à peu près. Un grand nombre d'églises romanes n'ont été voûtées qu'aux xiiie, xive, xve siècles. Il n'y avait souvent de voûtes qu'aux absides.

La sacristie fut rebâtie et agrandie en 1848 (2). Elle renferme une armoire à pointes de diamant, de la fin du xviie siècle.

Le clocher est moderne, de 1820 ou environ. Le beffroi contient deux cloches. La plus grosse porte cette inscription :

Fondue en 1858, sous l'administration de M. Toitot Maurice, maire de Drée, et Clémencet Nicolas, adjoint. Bénite par M. Fauvelet, curé-doyen de Sombernon, assisté de M. Son Simon, curé de Drée. Parrain : M. Charles-Philippe-Marie, comte de Courtivron;

---

(1) *Abécédaire d'Archéologie*, par de Caumont, p. 694.
(2) La dépense fut payée en partie par la famille de Courtivron, de Bussy-la-Pesle.

marraine : M*me* *Anne-Marie-Clara, sa sœur, marquise de Villers-la-Faye. Fondeurs : Goussel frères, à Metz et Champigneulles (Haute-Marne).*

Cette cloche a 0m 80 de diamètre; elle doit peser 308 kilog. et donne le *la.*

La petite cloche porte cette inscription :

*Cette cloche, fondue en 1878, sous l'administration de MM. Coffin, maire, Peltret, adjoint, a été bénite par M. Fauvelet, curé-doyen de Sombernon, assisté de M. Ferret, curé de Drée. Elle a eu pour parrain M. Aynard François-Marie, comte de Courtivron, et pour marraine, M*lle *Adèle-Stéphanie-Constance-Marie de Courtivron. Farnier frères, fondeurs à Robécourt et Vrécourt (Vosges).*

Cette cloche pèse 250 kilog. et donne le *do.* Elle était destinée à remplacer une cloche brisée depuis longtemps et qui, d'après son inscription, paraissait avoir été fondue pour Noidan. On la sonnait au moment des orages.

Le portail sculpté qui encadre l'entrée du clocher a été posé en 1888. On plaça au tympan une ancienne statue de saint Denis, en pierre, du xvie siècle.

Les bancs furent confectionnés en 1827.

Le maître-autel en pierre, la chaire à prêcher en bois, et les fonts baptismaux en pierre, proviennent de l'ancienne église de Chazilly. Les deux autels latéraux, de mauvaise composition, étaient sous le vocable, l'un de sainte Agathe, l'autre de sainte Catherine. D'après permission de l'autorité ecclésiastique, ils furent remplacés par des autels en pierre blanche surmontés l'un de la statue du Sacré-Cœur, l'autre de la statue de la sainte Vierge. A ces autels, retables du xviie siècle environ, avec têtes d'anges ailées dans l'amortissement. Vers l'autel de la Vierge, piscine à accolade du xve siècle. La crédence adaptée à la piscine du sanctuaire vient de la maison Fevret, style Louis XV.

Dans une fenêtre, médaillon du xve siècle, grisaille et or, représentant le Christ en croix, entre la Vierge et saint Jean.

Bon tableau de la Vierge-mère, copie sur bois, d'après Raphaël, cadre Louis XIV.

Les statues en bois de saint Denis et de saint Blaise, placées dans le sanctuaire, sont du xviie siècle. La statue de l'Assomption de la Vierge, en bois, est du commencement du xviiie siècle. Statue de sainte Barbe, en pierre, style gothique, xvie siècle. Notre-Dame de Pitié, statue en pierre; elle porte un écusson et date du xvie siècle (1). Statues de saint Joseph et de sainte Catherine, en terre cuite, bénites, la première en 1877, la seconde en 1875. Petite statue de saint Eloi, style Louis XII.

Croix processionnelle, en cuivre argenté, appartient à la première moitié du xvie siècle; croix bourdonnée, en forme de bâton de pèlerin; les croisillons se terminent par des boules portant à la gorge une manchette forme couronne fleurdelisée, et à la partie extérieure, des têtes de clous moulurées; nœud ou bouton inférieur à fleurons

---

(1) Cette figure provient de la chapelle de Verrey, qui en possède une autre très belle. Une indemnité fut accordée à la fabrique de Verrey pour cette cession.

feuillagés, à six médaillons. Sur la face, Christ à nimbe en croix fleuronnée, inscription en caractères du temps; sur les bras de la croix, les emblèmes des quatre évangélistes. Toutes ces parties d'applique sont dorées. Au revers, Vierge-mère couronnée, sous un dais encore gothique ; sur les bras, dans des quadrilobes, emblèmes qui paraissent être la répétition des évangélistes, avec phylactères.

Autre croix processionnelle, entièrement en cuivre argenté, bouton, vase Louis XVI, avec guirlande, fleurons ornementés à l'extrémité des croisillons, Christ à quatre clous, dans une attitude très contournée.

Ancienne croix processionnelle, trouvée dans les décombres d'un autel latéral, fixée aujourd'hui sur une face de la chaire à prêcher, en cuivre jaune, croisillons fleurdelisés, emblèmes des quatre évangélistes, nimbe circulaire à rayons ondoyants, ornementation en dents de scie. Le Christ, l'inscription et un emblème ont été refaits.

Croix d'offrande fleurdelisée, du commencement du xviiie siècle.

Des travaux importants d'aménagement furent exécutés dans le sanctuaire en 1877 et les années suivantes. On plaça alors l'appui de communion en fer, le pavé en céramique et la boiserie. La piété des fidèles a décoré l'église de plusieurs lustres, lampes et candélabres qui rehaussent l'éclat des cérémonies.

Il y a dans la paroisse deux bâtons très anciens, l'un de la Vierge dans le mystère de son Assomption, l'autre de saint Denis, patron du village.

Signalons, en terminant, l'existence de la confrérie du très Saint-Sacrement, établie depuis longtemps à Drée, comme on le verra dans le chapitre des fondations anciennes, réorganisée par l'autorité diocésaine, le 11 mars 1864, avec affiliation à l'archiconfrérie du même nom de Saint-Bénigne de Dijon, et l'institution du mois de Marie, autorisée le 27 avril 1861 (1).

Le cimetière règne autour de l'église du côté de l'ouest et du nord. Dans le courant de ce siècle, on annexa du côté du midi un terrain dans lequel existait un passage pour communiquer de la rue au presbytère.

---

(1) Dans la nef de l'église, tombe de demoiselle Marguerite Belin, sœur de M. l'abbé Belin, curé de Drée, morte le 18 décembre 1807, âgée de quatre-vingt-quatre ans. Cette tombe, qui se trouvait devant la porte de l'église, fut transférée à l'intérieur lors de la construction du clocher.

CHAPITRE IX

PAROISSE DE DRÉE. — CURÉS. — PRESBYTÈRE

Nous réunissons dans ce même chapitre les deux villages de Drée et de Verrey-sous-Drée qui ont toujours appartenu à la même circonscription paroissiale.

Aujourd'hui l'église de Drée est église-mère et celle de Verrey, simple chapelle de secours, mais l'histoire nous montre que Verrey a été durant plusieurs siècles église principale.

Il est difficile de préciser à quelle époque eut lieu la conversion au christianisme des populations de notre vallée. M. l'abbé Morillot, dans une notice savante publiée dans le *Bulletin archéologique du diocèse de Dijon*, 1re année, 2e livraison, établit que la conversion des campagnes bourguignonnes eut lieu à peu près sous les règnes de Gratien, de Valentinien II et surtout de Théodose, c'est-à-dire sur la fin du ive siècle. Nous ne possédons aucune donnée historique antérieure à l'époque de saint Seine.

Le service religieux dut être procuré aux habitants de Verrey-sous-Drée dès le vie siècle. Un manuscrit du siècle dernier, appartenant à la bibliothèque de la ville de Dijon, suppose que Verrey-sous-Drée fut possédé dès le commencement par l'abbaye de Saint-Seine, et qu'il y eut une église dès le vi^e siècle au moins (1).

Le service paroissial a été très probablement procuré tout d'abord à nos contrées par les religieux de Saint-Seine. En reconnaissance du séjour du saint abbé à Verrey, ils y construisirent une église sous le vocable de saint Seine et sous la juridiction et possession de l'abbaye fondée par ce saint, qui avait fait dans cet endroit son premier noviciat du monachisme. C'est certainement dans cette église que les premiers habitants de Drée vinrent satisfaire aux devoirs de la religion.

Nous ignorons jusqu'à quelle époque l'église de Verrey fut placée sous le vocable de saint Seine. Elle l'était encore au xiie siècle (2). Il y a deux siècles, le nom de Seine était porté par des hommes du village.

Quant à l'église de Drée, ensuite de la décision de Geoffroy, évêque de Langres, et après la mort d'Etienne de Drée, clerc et premier desservant de Drée, elle fut placée sous le patronage de l'abbaye avec celle de Verrey-sous-Drée.

« Il est à présumer que si Drée est devenu dans la suite mère église de Verrey, ce ne peut être que parce que dès le commencement de Drée, il y eut un presbytère, tandis qu'il n'y en avait point à Verrey, l'abbaye de Saint-Seine ayant peut-être aliéné la maison qu'elle y avait, en

---

. (1) Biblioth. de Dijon. Courtépée : *Notes pour la description, etc.*, tom. VIII, f° 229.

(2) Voir la déclaration de Geoffroy, évêque de Langres, mentionnée au ch. II de l'*Histoire de Drée*.

aliénant la terre. Au reste, ce n'est qu'une pure conjecture, parce que, si Verrey a été aliéné par ladite abbaye, on ne voit ni quand ni comment (1). »

Nous allons maintenant grouper les noms des desservants de Drée que nous avons pu découvrir aux archives du département, dans l'*Histoire du diocèse de Langres,* par l'abbé Roussel, et dans les registres de la paroisse. Nous ajouterons les renseignements qui nous paraîtront utiles.

Le premier desservant connu est :

ÉTIENNE, fils d'Albert, seigneur de Drée, vers 1162.

On ne peut ensuite que glaner les noms suivants :

HUGUES, chapelain (11...) (2).

BERNARDIN, prêtre de Drée, assiste comme témoin à une donation faite à l'abbaye de Saint-Seine par Barnuin de Drée (1190) (3).

A propos de ce prêtre, Chérin dit : « Ce prêtre de Drée (de Drées) était le curé du lieu établi depuis la construction du village, faite vers 1140, comme on l'a vu ci-devant, ou le chapelain desservant une chapelle dans ou proche le château; peut-être d'ailleurs y avait-il une paroisse établie pour le château et les environs longtemps avant l'existence du village de Drée. »

---

(1) Bibliot. de Dijon. Courtépée : *Notes pour la description, etc.*, tom. VIII, f° 229.
(2) *Ibid.*
(3) Voir l'article de *Barnuin de Drées.*

FOUREAU Girard, est présent à l'échange de Jean de Drée et Guyard Poinceot (1), en 1438.

MATHÉ Guillaume, figure à l'article de Pierre de Mailleroncourt (1512-1519).

DUPIN, Edme, chanoine de la Sainte-Chapelle (1524).

BONNET de Mâlain, religieux, ayant Valérien Bigollet pour vicaire (2) (1560).

GAITTAN Jean, signe dans une donation entre Barthélemi Le Roy, de Verrey, et Pierrette Sorlin, son épouse (3) (1653-1674).

FANUEL Pierre, c'est à ce curé que la dîme fut cédée en 1679, par arrêt, par l'abbé de Saint-Seine, pour lui tenir lieu de portion congrue (4) (1676-1683).

MARCHISIEUX Jean, meurt en 1683.

GODY Jean, en décembre 1683.

QUILLARDET Jacques, ensuite chanoine de la chapelle aux Riches, à Dijon, signe de mars en juin 1684.

GODY Jean, concurrent avec Jacques Quillardet, réapparaît de juillet 1684 à 1688.

---

(1) Bibliot. de Dijon. Courtépée : *Notes pour la description, etc.*, tom. VIII, f° 227, fonds Baudot.

(2) En 1620, une grande sécheresse donna lieu à une procession solennelle des reliques de saint Seine, qui sont prises à l'abbaye de ce nom, le 8 juin, et conduites à Dijon pour obtenir la pluie. Trois mille six cents filles, vêtues de blanc, marchaient deux à deux, nu-pieds. Vingt-deux paroisses se joignent au cortège. Le dimanche suivant, cinquante-huit paroisses se rendent à Saint-Seine pour la clôture des prières. (*Histoire des Evêques de Langres*, par l'abbé Mathieu, p. 211.) Il est probable que nos paroisses fournirent leur contingent à ces pieuses manifestations.

(3) Arch. parois.

(4) Bibliot. de Dijon. Courtépée : *Notes pour la description, etc.*, tom. VIII, f° 227, fonds Baudot.

MIELLE Pierre, signe de 1690 à 1722. Résigne entre les mains de l'abbé Belin.

BELIN Antoine-Pierre (1722 à 1754). Les deux abbés Belin, oncle et neveu, de Frolois, ont été successivement curés de Drée, et ont fourni à eux deux le règne fort respectable de 69 ans, de 1722 à 1791.

Le premier, Antoine-Pierre Belin, fils de Mathieu Belin et de Marguerite Pignot, naquit le 23 janvier 1697.

En 1737, un procès éclata entre le curé Belin et Catherine Vallot, veuve de Jean Bouguereau, fermière du château de Verrey, au sujet des dîmes que cette dame refusait de payer au curé. Il y a, au sujet de cette affaire, un dossier aux archives du département. Finalement, dame Catherine Vallot, qui avait proféré des injures à l'adresse de son pasteur, disant, entre autres choses aimables, qu'il avait ensorcelé son verger pour l'empêcher de produire des fruits, fut condamnée à payer les dîmes et à donner vingt-quatre livres à la fabrique (1).

Pierre-Antoine Belin mourut le 19 septembre 1754 et fut enterré le lendemain dans l'église de Drée, du côté de l'évangile. L'acte est signé : Arbey, curé de Saffres, Belin, vicaire de Créancey, neveu du défunt, Antoine Roussotte, curé de Bussy, Philibert Crépey, curé de Saint-Mesmin, Antoine Chaussier, curé de Gissey-sur-Ouche, Nicolas Boillot, curé de Remilly, Derepas, prêtre, Poncin, vicaire, Chaussier, curé d'Avosne, doyen du doyenné de Sombernon.

---

(1) Arch. départ. B, 2, liasse 932.

BELIN Pierre-Antoine (1754 à 1791).

Pierre Belin, neveu du précédent, étudiait chez son oncle en 1730. Un document déposé aux archives de la paroisse de Drée, parle de Pierre Belin, chapelain de Beaunotte, et nouvellement vicaire de Créancey. Il succéda immédiatement à son oncle.

Ce prêtre fut un homme de caractère et de bonté. Dans le courant des registres, il a soin de noter les faits les plus importants de la paroisse. En 1770, il dit : « Nous avons éprouvé une très grande misère ; le blé a valu jusqu'à cinq livres le boisseau de Sombernon. Cependant la mort a épargné tous mes paroissiens. Dieu soit loué ! » En 1784, on trouve à l'article *Sépulture* : « *Nihil funeris hoc anno, utinam et sequenti!* » (Pas de deuil cette année, plaise à Dieu qu'il en soit de même l'année prochaine !)

Sa fermeté le rendit capable d'affronter l'orage de la Révolution et de confesser la foi.

Au moment de la vente des biens ecclésiastiques, il adresse une protestation aux administrateurs du directoire du district d'Arnay. Après avoir exposé diverses fondations faites à la cure de Drée, il ajoute : « En conséquence, il recourt à ce qu'il vous plaise, Messieurs, distraire de la vente les prés compris dans les affiches, et ferez justice. Il ne demande pas distraction des journaux de terre, parce qu'il ne voit pas qu'ils soient grevés de fondation ; cependant, si vous pouviez les lui conserver jusqu'à nouvel ordre, ce serait une nouvelle justice.

» BELIN, curé de Drée et Verrey (1). »

---

(1) Arch. départ. — Affaires ecclésiastiques, G, 40, liasse 599.

On sait que la passion l'emporta sur la justice. Le monstre dévora tout.

Le 2 avril 1791, l'abbé Belin refusa de lire au prône la lettre de l'évêque intrus Volfius, et déclara qu'il ne voulait pas le reconnaître. Le dernier acte signé par lui est du 20 mai 1791. La Révolution entrait alors dans une période de violence qui fait la honte de notre histoire. Mais Dieu, qui sait tirer le bien de l'excès même du mal, fit que la France vit se renouveler les plus belles scènes de foi et d'héroïsme religieux des siècles de persécution.

L'abbé Belin ne faillit pas à son devoir. Il alla rejoindre à Fribourg, en Suisse, son noble ami, M. le président Fardel de Daix, seigneur de Verrey-sous-Drée. Il n'eut pas le bonheur de revoir sa patrie et mourut sur la terre étrangère, le 7 janvier 1796. Voici un fragment d'une lettre datée de Fribourg, le 13 janvier 1796, écrite par M. Fardel de Daix, annonçant la mort de son respectable ami à Mlle Belin : « Quel sacrifice, ma très chère demoiselle, la Providence exige de vous ! Qu'il est douloureux pour moi d'avoir à vous l'annoncer ! vous avez perdu un bon parent, moi, un bon ami, et nous tous et tous ses paroissiens, un respectable pasteur. C'est jeudi dernier, 7 de ce mois, à 10 heures du soir, qu'il est entré dans le sein de Dieu, pour y recevoir la récompense due à toutes ses vertus, et c'est le samedi 9, à 10 heures du matin, que je lui ai rendu les derniers devoirs, pénétré de la plus vive douleur. Hélas ! ce n'est pas sur lui que nous devons pleurer, car je ne fais nul doute qu'il ne soit parfaitement heureux, et que nous n'ayons un protecteur de plus dans le ciel ; mais c'est pour nous tous et pour ses paroissiens que nous devons le regretter, puisque nous ne serons plus à même de profiter des bons exemples qu'il nous donnait et de ses excellentes instructions. Il était ici généralement aimé et estimé, aussi il a été universellement regretté... Il nous a édifiés jusqu'au dernier instant. Il s'est confessé plusieurs fois et a reçu deux fois le bon Dieu, une fois en dévotion, la veille de Noël, et la dernière fois, en viatique avec l'extrême-onction, trois jours avant sa mort. Il nous édifiait tous par ses discours pieux, par sa sérénité, sa tranquillité d'âme, fruits de sa bonne conscience. Il a désiré d'abord être enterré dans le cimetière de l'hôpital de cette ville, je crois, par modestie ; mais tout le clergé y a assisté, et c'est le plus ancien des grands-vicaires qui a fait le service. »

Pendant l'exil du pasteur légitime, l'abbé Prissey, curé de Bussy, signe les actes en juin et jusqu'au 28 novembre 1792.

Prudent-Joseph Merle, constitutionnel, fils de Pierre Merle, écrivain à Dijon, âgé de 24 ans, apparaît en 1792, devient instituteur national et disparaît en 1793. En 1794, il sollicite la place de recteur d'école à Minot, place qui lui fut refusée. En 1818, il fut nommé curé de Courcelles-sous-Grignon, où il mourut en 1848.

Godot, prêtre catholique du diocèse d'Autun, autorisé, signe les actes dans les années 1796-1797.

MICHÉA Charles, né à Mâlain, était vicaire à Gevrey au moment de la Révolution. Il choisit Genève comme lieu d'exil. Il fut curé de Drée en 1798. Il mourut le 24 octobre 1830, âgé de soixante-dix ans (1798-1830).

LENIEPT Gilbert (1831-1841).

L'abbé Leniept, né à Mâlain, débuta dans le ministère paroissial comme vicaire d'Avosne.

Il fut confesseur de la foi pendant la Révolution. Détenu prisonnier au séminaire de Dijon, il refusa de sortir de sa retraite par une évasion qu'un de ses frères était venu à bout de lui ménager. Exilé plus tard en Savoie, il se rendit assez capable par son travail de parler et d'écrire correctement l'italien pour être chargé de l'administration d'une paroisse dans sa nouvelle patrie. Il revint en France au sortir de la Révolution, et fut nommé curé de Saint-Mesmin. Il administra cette paroisse jusqu'en 1830. C'est à cette époque qu'il fut, sur sa demande, transféré à Drée. L'abbé Leniept savait nouer des amitiés durables. Quelques paroissiens de l'exil le visitaient encore trente-cinq ans après son départ de la Savoie, et lui apportaient dans ses paroisses de France, en souvenir de leurs montagnes, des cuissots d'ours que venaient manger à sa table si hospitalière ses amis clercs et laïques, heureux de fraterniser avec les Savoisiens.

L'abbé Leniept attira plusieurs fois les regards de ses supérieurs. Il fut successivement appelé aux cures de Gissey-sur-Ouche, de Plombières, de Vitteaux et de Semur. Mais, soit par simplicité soit par amour d'une autorité plus absolue, il aima encore mieux passer sa vie dans les humbles paroisses de Saint-Mesmin et de Drée. Il termina sa carrière dans cette dernière paroisse le 5 août 1841, à l'âge de quatre-vingt-six ans. Il s'éteignit sans maladie, en récitant son chapelet dans son lit.

Ses restes reposent près de la porte de l'église de Drée (1).

GRANCHAMP François (1841-1846).

GUÉNIARD Nicolas-Jean-Baptiste, fut curé de septembre 1847 à 1850. Il fut transféré à Saint-Seine-sur-Vingeanne où il mourut.

SON Simon, né à Villy-en-Auxois, fut curé du 15 août 1850, transféré à Aubigny-les-Sombernon, puis à Bellenot-sous-Pouilly, curé de Drée (1850-1873).

FERRET Pierre, né à Marcheseuil, curé de Drée, depuis septembre 1873.

Le presbytère de Drée se trouve près de l'église. Il est bâti entre cour et jardin. Le simple aspect de ce monument suffit pour se convaincre qu'il n'a pas été construit d'un seul jet. La partie du côté de l'occident, formant pavillon, possède une cheminée du xve siècle. Le reste de l'édifice est du xviiie siècle. Le toit, du côté du nord, est percé de lucarnes à volutes, de l'époque. Un manuscrit de la bibliothèque de Dijon, de 1770 environ, mentionne que le presbytère de Drée a été nouvellement rebâti (2). Il faut l'entendre dans le sens d'un agrandissement considérable. Il est bien distribué et renferme sept pièces. Outre le jardin actuel, il comprenait une partie des chènevières du côté du midi.

---

(1) Notice due à M. l'abbé Sautereau, neveu de l'abbé Leniept.
(2) Bibliot. de Dijon, Courtépée : *Notes pour la description du duché de Bourgogne*, tom. VIII, f° 225, fonds Baudot, manuscrit 79.

CHAPITRE X

BIENS DE LA CURE DE DRÉE AVANT LA RÉVOLUTION

Il y a aux archives de la cure de Drée, un « mémoire des gerbes du dixme de Drée. » Il porte 100 gerbes de seigle, 300 gerbes de froment, 155 gerbes d'avoine, 398 gerbes d'orge.

En 1750, M. Belin, curé de Drée, amodie à Mamet Moiton, marchand à Drée, les dîmes des grains de toute espèce qui lui appartiennent moyennant la somme de 285 livres. Il se réserve la dîme du chanvre et de la laine, plus une mesure de lentilles bien nettoyée, vannée, étapée, deux bons poulets, et les pailles et bouffes de trois émines de grain pour la subsistance de son bétail. Il abandonne au reteneur la jouissance d'une pièce de terre d'environ deux journaux, lieu dit en *Saint-Soignot,* finage dudit Drée, dépendant de ladite cure (1).

En 1755, le bail est renouvelé au même, moyennant la somme de 300 livres. Il est interdit au reteneur de

---

(1) Archives de la cure de Drée. — Ce mot de Saint-Soignot ne serait-il pas le diminutif de Saint-Seigne ou Saint-Seine, et ne rappellerait-il pas le séjour du jeune saint à Verrey?

prendre aucune dîme dans les héritages que les gens de Drée ensemencent sur le finage de Verrey.

Les revenus de Verrey étaient à peu près équivalents à ceux de Drée.

En 1746, M. Belin « amodie à Pierre et à Bernard Toitot, père et fils, maçons à Verrey-sous-Drée, la moitié des dîmes dudit Verrey à lui appartenant sur le finage dudit lieu, moyennant la somme de cent cinquante livres par an. Il leur abandonne la dîme de laine et de chanvre qui lui est due audit Verrey, chacun an, de même que deux ou trois petites pièces de terre qui dépendent de la cure dudit Verrey, pour la jouissance. Le sieur Belin se réserve les prés qui dépendent de ladite cure. »

Ces prés et pièces de terre sont spécifiés dans le même mémoire :

« Une pièce de pré, de la contenance de cent cinquante perches, située au lieu dit *Es prés de Drée*, donnée par Chrétien Roy.

» Plus, il a donné un journal de terre situé en *La Prey;*

» Une soiture de pré sur le bord de la rivière ;

» Un petit pré proche le *Quarré des vignes;*

» Il y a encore un tiers de pré près de *Longue Vie*, du côté de la *Petite Sainte-Reine*.

» Il y a aussi au bas du *Quarré des vignes*, proche le chemin de Saint-Hélier, deux tiers de journal de terre, et plusieurs petits quartiers de terre en différents endroits.

» Plus un meix de chènevière située *Es chènevières*, de la semence d'environ un demi-boisseau râclé. »

Le même mémoire dit que « Claudine Chambin et René Beaufort ont donné à la fabrique de Verrey deux tiers de soiture située *Es prés de Drée*, plus chènevière appelée la *Chènevière au Rouge*. »

Cette fondation est du 23 octobre 1674.

En 1707 ce pré s'amodiait douze livres, et la chènevière cinquante sols.

Durant la Révolution, les biens de la fabrique de Verrey furent adjugés moyennant 760 livres.

Le 26 avril 1782, M. Belin donne à bail à ferme à Jean Marie, fermier dudit Drée, et à Suzanne Perrote, sa femme, toutes ses dîmes à raison de 150 livres, outre les réserves, dîme de laine à raison de la treizième partie, dîme de chanvre et tous grains à même quotité, à l'exception des terres anciennes de la seigneurie, sur lesquelles la dîme ne se perçoit qu'à la vingt-unième partie, chènevière, des prés, trois journaux de terre sous le bois du Côteau, deux journaux et demi de terre labourable, en *Saint-Soignot*, finage de Drée (1).

Ainsi les revenus de la cure de Drée et Verrey dépassaient certainement huit cents livres. Cette somme, pour l'époque, représente largement le traitement fait aux desservants par l'Etat. La piété et la charité des fidèles ont contribué à former ce capital immense, pris par la Révolution, et dont on ne fait que servir aujourd'hui l'intérêt.

---

(1) Arch. départ. G, 40, liasse 599.

CHAPITRE XI

FONDATIONS ANCIENNES

A toutes les époques, les pieux fidèles ont fait des fondations, c'est-à-dire ont consacré une partie de leurs biens à des églises, à des communautés, dans le double but de faire du bien durant leur vie et de s'assurer des prières et des secours surnaturels après leur mort.

I. — La première fondation que fournisse notre histoire locale est celle de Jean de Drée, mort en 1453. Elle est relatée dans l'inscription tumulaire du sanctuaire de l'église de Drée, et nous en avons parlé à l'article de Jean de Drée.

II. — La seconde est celle de Pierre de Mailleroncourt, seigneur de Drée, en 1541. Il donne au curé une demi-soiture de pré, sous le moulin en bas, à condition de chanter un *Libera me* tous les dimanches, à l'issue de la messe. Il en a été fait mention à l'article de ce seigneur.

III. — Par un acte du 12 décembre 1648, Me Chrétien Le Roy, marchand à Verrey-sous-Drée, assigne plusieurs fonds spécifiés au chapitre : *Revenus de la cure de Drée*, pour les fruits en provenant être employés à faire célébrer quatre messes, une par chaque quart d'an ; un *Inviolata* tous les dimanches avant la messe, et un *Libera* après la messe, et chanter l'hymne *Ave, maris stella*, aux jours de Notre-Dame de mars et de septembre, à la diligence d'Antoine Le Roy, son fils. Celui-ci céda les fonds à M. Gaittant, curé de Verrey, à la charge d'acquitter la fondation (1).

IV. — Nous avons trouvé aux archives départementales le texte d'une fondation très importante, parce qu'elle a rapport au culte du très Saint-Sacrement, et semble être l'origine de la confrérie du très Saint-Sacrement dans les églises de Drée et de Verrey. Cette fondation est de 1734. Elle assigne à cette dévotion les premier et troisième dimanches du mois, et ce sont précisément ces dimanches qui ont été conservés par le règlement relatif à cette confrérie ; le premier dimanche du mois à Drée, le troisième à Verrey.

Nous donnons ici ce document en entier.

« Messire Antoine-Bernard Gagne, doyen de l'église cathédrale de Dijon, vicaire général et official de Monseigneur l'Illustrissime et Révérendissime premier Evêque de Dijon.

» Au nom et selon les intentions pieuses d'une personne zélée pour la gloire de Dieu et la conversion des pécheurs, et pour sanctifier les dimanches et fêtes qui

---

(1) Arch. départ. G, 40, liasse 599.

sont des jours plus particulièrement consacrés à Dieu, en donnant au peuple un moyen d'être plus assidu dans ces saints jours à la prière et à entendre sa parole ; et comme les péchés qui se commettent dans ces saints jours sont plus griefs qu'aux jours ordinaires, lui faire amende honorable des profanations qu'on en fait par les débauches, le jeu et la perte du temps si précieux et mille autres crimes qu'on n'ose prononcer ; a fondé à perpétuité dans l'église paroissiale de Drée une dévotion publique et solennelle, qui s'exécutera les premier et troisième dimanche de chaque mois et les festes cy-après marquées après les vêpres de ladite église, en la manière qui s'en suit :

» Premièrement, on tirera du tabernacle le saint ciboire en chantant *Veni sancte spiritus*, comme on le chante au Graduel le dimanche de la Pentecôte, pour demander à Dieu son divin Esprit, pour nous conduire dans toutes nos actions ; puis, on chantera le *Miserere*, après lequel on fera l'amende honorable dont on a donné la formule ; ensuite on chantera le *Pange lingua* et l'antienne *Sancta Maria, succurre miseris*, avec les versets : *Panem de cœlo, Emitte spiritum tuum, Ora pro nobis, sancta Dei genitrix, Ostende nobis, Domine, Domine, exaudi orationem meam, Dominus vobiscum*, avec les oraisons : du Saint-Sacrement, *Deus qui nobis sub sacramento*, du Saint-Esprit, *Ure renes nostros*, de la sainte Vierge, *Concede nos*, de la Pénitence, *Deus qui culpâ*, et celle pour l'Eglise, *Omnipotens sempiterne Deus, cujus spiritu*, après quoi on donnera la bénédiction du Saint-Sacrement et après la bénédiction, lorsqu'on remettra le saint ciboire dans le tabernacle, on dira le *De profundis,* avec le verset et oraison *Fidelium,* pour les âmes du purgatoire.

» Cette cérémonie se fera encore aux festes de Notre-Seigneur, savoir : de Noël, de la Circoncision, de l'Epiphanie, de Pâques, de l'Ascension, de la Pentecôte, de la Trinité, de la Toussaint et les dimanches des Rameaux et de Quasimodo.

» Au surplus, on exposera le Saint-Sacrement pendant la messe de minuit. On chantera *O salutaris hostia* à l'élévation de la messe, *Et verbum caro factum est, et habitavit in nobis,* et on le répétera trois fois, à l'honneur de la sainte Trinité, et après, on dira le verset et oraison du Saint-Sacrement et on donnera la bénédiction, et après la bénédiction, on dira le psaume *Laudate Dominum, omnes gentes,* pour remercier Dieu de nous avoir donné un Sauveur, et, afin que la cérémonie soit plus auguste, on exposera le Saint-Sacrement dans le soleil, en lesdits jours, avant vêpres.

» La même cérémonie se fera encore aux cinq principales festes de la sainte Vierge, savoir : Purification, Annonciation, Assomption, Nativité et Conception, sans y rien changer, si ce n'est qu'après la bénédiction on chantera le psaume *Laudate Dominum, omnes gentes,* sans préjudice du *De profundis* et oraison, pour remercier Dieu de ce qu'il nous a donné la sainte Vierge pour mère, avocate et refuge des pécheurs.

» La susdite fondation se fera aussi le jour de la fête de Dieu, le jour de l'octave et le jeudi saint, après que le peuple sera retourné du travail, afin de donner en ce saint jour des marques de notre reconnaissance et de notre amour envers Jésus-Christ, pour l'institution de son adorable sacrement, et pour réparer, autant qu'il est en nous, les profanations qui se font en ce saint temps par les mauvaises communions paschales, et après toutes les susdictes bénédictions, on dira le *De profundis* et le verset et *Oremus, Fidelium*.

» Quand les fêtes de la sainte Vierge tomberont un autre jour que le premier et troisième dimanche ci-dessus marqué, on transférera la cérémonie du dimanche aux jours de fête de la sainte Vierge qui tomberont dans la semaine.

» Pour lesdites prières, bénédiction et amende honorable, M. l'abbé Gagne a donné à l'église de Drée la somme de deux cent cinquante livres en principal, qui fut placée en premier lieu sur le clergé, le vingt-cinq mars mil sept cent trente-quatre, et remboursée le cinq avril mil sept cent trente-cinq, et remise sur la province de Bourgogne au denier vingt, au nom de M. l'abbé Gagne, le onze may 1735, et rend douze livres dix sols de rente par an, de laquelle somme il en reviendra dix livres à M. le curé de Drée et cinquante sols à la fabrique de ladite église de Drée, pour le luminaire et ornement, à condition que les fabriciens tiendront la main à l'exécution de ladite fondation. Au reste, on les laisse libres de fournir tels luminaires qu'ils jugeront à propos. La susdite somme a été donnée par M. l'abbé Gagne, vicaire général, au nom de la personne qui ne veut être connue que de Dieu seul, et qui invite tant le sieur abbé Gagne que ceux qui lui succéderont dans la fonction de vicaire général du diocèse de Dijon, de veiller à l'exécution de la susdite fondation. Et en cas de remboursement de ladite somme de 250 livres, on la placera à constitution de rente ou fonds de terre, de l'avis du sieur abbé Gagne ou de ceux qui lui succéderont dans la fonction de vicaire général du diocèse de Dijon.

» La fondatrice exige qu'on inscrive la fondation sur le registre de la paroisse de Drée, un double de l'acte soit délivré à l'abbé Gagne et l'autre en les mains de la fondatrice. Signé pour acceptation et promesse d'exécution : Jacques Moiton, fabricien; Pierre Masson, procureur de la communauté; Louis Dorel, Pierre Lespinasse, Jean Jolivet, Jacques et Mamet Moiton, principaux habitants (1). »

Cette fondation nous paraît être la base de la confrérie du très Saint-Sacrement encore existante dans les églises de Drée et de Verrey. Lors de la réorganisation de cette confrérie, le 11 mars 1864, l'autorité épiscopale, rappelant l'usage qui existait dans la paroisse d'exposer le très Saint-Sacrement et de ne pas seulement donner la bénédiction comme le portent les statuts diocésains, maintint cet usage qui fut consigné dans l'article XV du règlement, par lequel on doit exposer, avant les vêpres, le très Saint-Sacrement, les jours de fêtes et le dimanche affecté à cette solennité, qui est le premier dimanche du mois à Drée et le troisième à Verrey.

Quelle était la personne qui s'intéressait ainsi au salut éternel des habitants de Drée et à la gloire de Dieu?

---

(1) Arch. départ. G, 40, liasse 599.

Nous avons pensé que c'était peut-être un des membres de la famille de la Toison, propriétaire de Bussy et de Drée, parce que la même fondation se trouve dans les archives de Bussy, bien qu'aucune confrérie de cette nature ne paraisse avoir été en exercice dans cette dernière paroisse. Or, en 1734, le seigneur de Bussy et de Drée était Philippe de la Toison, qui avait pour épouse Hélène de Pra. La fondatrice aurait ainsi embrassé dans le même zèle et le même dévouement tous les sujets soumis à la seigneurie de Bussy.

CHAPITRE XII

CROIX SITUÉES DANS LA PAROISSE

I. — La croix située sur la petite place, au milieu du village, porte cette inscription :

FAIT PAR MOY C. COFFIN, 1747.

Les emblèmes eucharistiques sont figurés des deux côtés de cette croix. Elle avait été érigée au cimetière. Lorsqu'on fit construire une nouvelle croix, en 1849, l'ancienne fut transportée dans son emplacement actuel.

II. — La croix en métal, érigée au cimetière en 1849, est due à la piété de Marguerite Ledeuil.

III. — La croix en fer, surmontant la fontaine du Bel, est due à la bienfaisance de L.-P.-M. Le Compasseur, marquis de Courtivron, et de A.-C. de la Palu, son épouse, seigneurs de Drée et de Bussy.

IV. — La croix placée sur le chemin de Sombernon, au point de départ de quatre directions, fut érigée en 1887, et bénite le 6 novembre de la même année, jour de la fête des saintes Reliques, par M. Boyer, curé-doyen de Sombernon. Elle rappelle et remplace une croix érigée en 1746, par Jean Moiton, et tombée en ruines.

CHAPITRE XIII

ANCIENNES FAMILLES DE DRÉE. — MAISON FEVRET

Après avoir étudié le village de Drée au triple point de vue descriptif, féodal et religieux, il nous reste à l'envisager au point de vue communal ou civil ; ce sera l'objet des trois derniers chapitres, où nous parlerons : 1º des anciennes familles de Drée ; 2º de la municipalité ; 3º des recteurs d'école.

Nous avons vu dans le courant de ce travail que le village de Drée fut affranchi au commencement du siècle dernier. Ses habitants peuvent se faire jusqu'à un certain point, une idée de l'existence, du régime de vie de leurs ancêtres.

Mentionnons les plus anciennes familles. Nous avons parcouru les registres de la paroisse, ce vaste champ où la vie et la mort se livrent un combat mémorable : *mors et vita duello conflixere mirando*. Les archives de la commune de Drée remontent à 1668. Les noms les plus anciens qu'on rencontre sont les suivants : Moiton, Denizot, Bouhin, Lamarche, Bordet, Peltret, Coffin, Toitot, Jolivet, Lollier, encore existants ; les Fleurye, Lobereau, Morot, Meurgey, Masson, Coulombot, Aiselin, Pétot,

Lombard, Lautrey, Gaveau, Denuict, Estiot, qui n'ont plus de représentants dans la commune.

Familles modernes : les Minotte, Clémencet, Ménétrier, Thibaut, Paillet, Languet, Maître, Savignat, Guilloux, Dupuis, Vitu, Lapiche (1).

Il y a à Drée une maison présentant un certain cachet de bourgeoisie, la maison Fevret. Elle est flanquée de deux pavillons et a servi de résidence à des familles disparues qui ont joué un certain rôle.

Elle a été habitée et peut-être bâtie par la famille

---

(1) Qu'on nous permette une petite dissertation sur l'origine des noms de famille.

Jusqu'au XII° siècle, les individus, nobles et roturiers, furent désignés par un seul nom : Pierre, Henri, etc., ce qui rend l'histoire de ces temps difficile.

Plus tard, on prit usage d'ajouter au nom religieux un surnom tiré de la possession des terres, de l'origine, de la résidence, de la profession, des qualités et de la personne physique des individus ; le sobriquet ne fut pas épargné.

  Exemples :

Pour la possession des terres : Albert de Drée, Hervé de Saffres;

Pour la résidence : Dupâquier, celui du pâquier ; Lamarche, celui de la frontière, etc.;

Pour la profession : Futrier, ouvrier en feutres ; Peltret, ouvrier en fourrures ; Bouhin, petit bouvier, comme Bouhey, Bouhier, Boyer, etc.; Taquenet, peut-être de taconnet, raccommodeur de souliers, dialecte méridional ; Lollier, peut-être l'huiller (*olearius*) ou bien fabricant de marmites, de *olle* ou *oule*, marmite (*olla*), dans le Midi ; Lignier, ouvrier en bois, de *lignarius ;* Boucherot, petit boucher ; Bordet, autrefois bordais, bordier, bourdier, chargé d'une métairie ou borde; Ménétrier; Maître ;

Pour la personne : Boiteux ; Paillet, peut-être blond, couleur de paille ; Moret, de couleur noire, brun, de More (Maure) comme Moreau ; Jolivet, diminutif de jolif ou joli, ancien adjectif, signifiant joyeux, d'origine germanique.

Plusieurs noms de famille ne sont que des prénoms conservés ou ayant subi des modifications. Exemples : Marie, Thomas, Didier, Perrot (petit Pierre), Denizot (petit Denis). — Thibaut, Berthaux, Robert, Thierry, Lamblin (petit Lambert), Brémond ou Bermond, Guilloux, sont des prénoms d'origine germanique. — Clémencet, et, par aphérèse, Mansat, de *Clemens ;* Savignat, de *Sabinus*, prénoms d'origine romaine. — Lequin, Lequien, Luquin, semble venir de Luc, Lucain, Lucien. — Moiton, autrefois Moitton, est peut-être, comme Metton, un diminutif de Jacquemet, Jacquemetton, Metton par aphérèse. — Dhien se rapproche de Thien, qui vient d'Etienne.

(Voir de Charmasse : *Cartulaire de l'Eglise d'Autun*, Introduction, et Eugène Ritter: *Les Noms de famille.*)

Fleurye. Un foyer porte la date de 1668. Or, vers 1660, vivait à Drée M. François Fleurye, solliciteur des affaires de Mgr le Duc. Il eut un fils, honorable François Fleurye, qui signe au registre comme parrain, en 1674, et une fille, demoiselle Jeanne Fleurye.

Cette dernière épousa Etienne Bertin, bourgeois de Dijon, conseiller au grenier à sel de cette ville. Elle eut quatre enfants : Mamet, Toussaint, Anne et Jeanne-Marguerite. Anne eut pour parrain maître Toussaint Fleurye, curé de Remilly, bachelier en sacrée théologie.

Mamet Bertin, avocat au Parlement, bailli de Saint-Seine, eut pour fils Jean-Baptiste-Claude, qui fut notaire à Sombernon de 1749 à 1785. Mamet Bertin possédait plusieurs domaines. Par son testament du 15 août 1731, qui se trouve dans les archives de la paroisse de Drée, il institua pour héritier particulier son fils Jean-Baptiste Claude ; il donna par forme de prélegs particulier son domaine de Remilly-sous-Sombernon à Toussaint Bertin, son frère, prieur d'Ahuy, pour passer ensuite à Charles Fevret, son neveu, fils de messire Nicolas Fevret, prévôt général des maréchaussées de Bourgogne et Bresse ; il donna pareillement à Charles Fevret, son neveu, son domaine de Drée. Mamet Bertin mourut à Sombernon, le 19 janvier 1732, âgé d'environ cinquante ans, et fut enterré à Drée le lendemain.

Anne Bertin épousa en 1721 Nicolas-Bénigne Fevret, seigneur de Daix, prévôt des maréchaux, fils de Bénigne Fevret, seigneur de Verrey-sous-Drée, veuf en premières noces de Catherine Jacquot, fille de N. Jacquot de Neuilly, seigneur de Daix. Elle eut pour fils Charles Fevret, qui devint seigneur de Drée par le testament de son oncle maternel, Mamet Bertin. C'est donc à la mort de ce dernier, en 1732, que la famille Fevret prit possession de la maison Bertin. La chambre haute du pavillon de gauche s'appelle la chambre du grand prévôt ; les armes des Fevret sont sculptées au-dessus de la porte d'entrée de la maison, et dans la pièce du grand prévôt.

Nicolas-Bénigne Fevret mourut en 1740 ; Charles, son fils, et Charles Fevret, seigneur de Verrey, assistent à la sépulture.

Anne Bertin mourut à Drée en 1746. On voit à sa sépulture : MM. Poncin, curé de Blaisy, et Crépey, curé de Saint-Mesmin.

Les derniers propriétaires de la maison furent les Bourée. La maison fut achetée par la famille de Courtivron qui y logea un garde jusqu'en 1874, époque où elle fut vendue avec la terre de Drée. Elle appartient aujourd'hui à la famille Moiton.

CHAPITRE XIV

MAIRES DE DRÉE

On connaît le mot de César : « J'aimerais mieux être le premier dans une bicoque que le second à Rome. » Le mot maire, maïeur, major, ancien, fonctionnaire, indique le premier citoyen d'une ville, d'un village, le plus sage, au moins en principe. Cette magistrature est enviée, combattue, critiquée; elle demande beaucoup de connaissance, de tact, de prudence, de zèle, de désintéressement, de fermeté.

Nous allons dresser la liste des maires de Drée depuis la Révolution, les données nous manquant pour remonter plus haut et signaler les procureurs et échevins.

On voit figurer :

MASSON Mamet, de 1794 à l'an IV de la République.
GALLOIS Pierre, de l'an IV à l'an IX.
LÉPINASSE Claude, de l'an IX à 1813.
COFFIN Jean, de 1813 à 1824.
COFFIN Jean fils, de 1825 à 1835.
LEQUIN Pierre, de 1836 à 1845.
CLÉMENCET Nicolas, de 1845 à 1847.

COFFIN Jean, de 1847 à 1848.
FUTRIER Jean-Baptiste, de 1848 à 1849.
SEGUIN Jean, de 1849 à 1852.
TOITOT Nicolas, de 1852 à 1870.
CLÉMENCET Nicolas, de 1870 à 1872.
DUPUIS Léon, de 1872 à 1876.
COFFIN Denis, de 1876...

CHAPITRE XV

RECTEURS D'ÉCOLE

L'instruction primaire fut donnée dans des maisons ordinaires jusqu'en 1842. A cette époque, la commune de Drée fit construire une maison d'école, qui servit aux enfants de Drée et de Verrey jusqu'en 1881, où le service de Verrey fut détaché. Voici les noms des instituteurs de Drée que nous avons pu recueillir.

MEURGEY Anthoine, figure au registre paroissial comme recteur d'école en 1676.

LE MOIR André, en 1717.

JOLIVET Jean, en 1737.

DUPONT Nicolas, en 1745.

BOUHIN Blaise, en 1752.

GALLOIS Pierre, fils de Pierre Gallois, maçon à Vaubuzin, paroisse de Frolois, épouse Jeanne Moiton, de Drée, et fonde une famille, en 1768.

COMMARD Philibert, en 1807.

COFFIN Jean, en 1837.

ROUGEOT Jacques, en 1824.

BOITEUX Joseph, en 1826.

COFFIN Jean, réapparaît en 1835.
ROZIÈRE Joseph-Claude, en 1844.
LAPICHE Auguste, en 1848.
CORTOT François-Paul, en 1855.
BREUL Auguste, en 1857.
LOUOT Jean-Baptiste, en 1858.
FOCILLON Auguste, en 1859.
THIERRY Jules, en 1863.
THOMAS Jean, en 1867.
BERNARD Benoît, en 1873.
DHIEN Jean-Eusèbe, en 1874.

DEUXIÈME PARTIE

HISTOIRE DE VERREY-SOUS-DRÉE

Nous suivrons dans cette seconde partie de notre travail une marche analogue à celle que nous avons suivie pour l'histoire de Drée : nous étudierons Verrey-sous-Drée aux divers points de vue descriptif, féodal, religieux, civil.

CHAPITRE PREMIER

DESCRIPTION DE VERREY-SOUS-DRÉE. — SON ANTIQUITÉ

L'ancien pays d'Auxois, *pagus Alesiensis*, qui s'étendait au moins partiellement sur les cantons actuels de Semur, Flavigny, Vitteaux, Montbard, Baigneux-les-Juifs, Saint-Seine, Sombernon, Pouilly, Arnay-le-Duc, Précy et Saulieu, est très accidenté. Son territoire est mouvementé et coupé tantôt par des vallées larges et fertiles, tantôt par des gorges étroites, sillonnées de cours d'eau nombreux, tributaires presque tous de la Seine. Il n'est pas rare d'apercevoir au sommet des collines et sur la pointe des rochers un de ces vieux châteaux, restes imposants de la féodalité.

Les deux villages de Drée et Verrey-sous-Drée, objet de cette notice, sont situés dans la vallée de la Drenne, qui a son point de départ aux sources de Drée. On rencontre les villages de Drée, Verrey-sous-Drée, Saint-Hélier, où s'embranche le vallon de Bussy-la-Pesle, Champrenault, étendu dans la côte avec son antique château, Charencey, enfin Verrey-sous-Salmaise, où le vallon se confond avec celui du chemin de fer de Lyon.

A l'époque des études pour le tracé de la grande ligne, on avait pensé à cette vallée, où les travaux d'art eussent été moins considérables que dans la vallée de Blaisy. On abandonna ce projet, peut-être par crainte des lacs souterrains qu'on suppose exister à la tête des sources de Drée.

Un chemin relie Sombernon à Verrey-sous-Salmaise sur un parcours d'environ seize kilomètres.

La population de Verrey-sous-Drée est à peu près de 150 habitants; sa superficie est de 344 hectares; distance kilométrique du canton, 8; de l'arrondissement et département, 35; bureau de poste, Sombernon. On trouve deux moulins. Au levant, montagne de la côte de Bussy; au couchant, montagne de Fontette avec les Roches du Dieu de Pitié et les Grandes Roches. De ce point de vue, on aperçoit toute la vallée de la Drenne. Un

VUE de VERREY-sous-DRÉE.

peu en arrière de la voie romaine, l'œil plonge assez loin sur le centre de l'Auxois.

Pour désigner le village de Verrey-sous-Drée, on rencontre les noms de *Valeriacum, Vitriacum, Verreium, Valdriacum.*

Nous pensons que le mot *Valeriacum* veut dire *habitation de Valère*, citoyen romain ou gallo-romain. En décomposant *Valeriacum* suivant les règles de la phonétique, on arrive à la forme Verrey sans trop de difficultés, en passant par les modifications suivantes : *Valeriacum, Valdriacum, Valriacum, Valrey, Varrey*, prononciation usitée en 1650 (1), et dans le patois moderne, enfin Verrey (2).

Verrey faisait partie du canton de Mémont comme Drée. Il dépendait autrefois du gouvernement de Bourgogne et du bailliage de Semur. C'était un arrière-fief du roi, comme mouvant du fief de Drée. Verrey appartient aujourd'hui au canton de Sombernon. Courtépée y signale des pétrifications, surtout des cornes d'Ammon. Le village comprend deux rues parallèles : rue Haute et .

---

(1) Arch. parois. Acte notarié de 1654, donation des époux Le Roy-Sorlin.

(2) MM. Fustel de Coulanges et d'Arbois de Jubainville, tirant argument des textes législatifs du droit romain, considèrent que les noms de lieux sont rarement empruntés à des conditions géographiques, mais le plus souvent à des appellations tirées du nom du premier propriétaire du *fundus* : Flavigny, le fonds Flavien, etc.

La particule *ak*, que les Romains latinisèrent en *acum*, marquait la possession. Pour désigner la propriété d'Albinus ou celle de Sabinus, les Gallo-Romains disaient : *Albiniacum, Sabiniacum*. Cette finale devint en français *ac* au Midi, *ac, é, y*, au Nord : Savignac, Sévigné, Savigny ; Aubignac, Aubigné, Aubigny. (Voir Brachet ; *Grammaire historique de la Langue française.*) Quant à la forme *Vitreium*, nous pensons que c'est la traduction latine arbitraire du mot Verrey, par quelque clerc du moyen âge.

rue Basse, et le château, dont les bâtiments servent d'habitation à une dizaine de familles.

Au sud-est de Verrey, on a découvert, en travaillant dans les champs appelés *les Morts*, des traces d'habitation, des matériaux calcinés, de la brique, des débris de poterie, des tombeaux en pierre et en laves, et des armes. C'est une preuve de l'ancienneté du village qui devait se trouver alors dans cet emplacement. Il remonterait peut-être à l'époque celtique ou gallo-romaine. On sait, en effet, que chez les Celtes et les Gallo-Romains, les morts du simple peuple étaient ensevelis dans le sol, couchés dans des fosses ordinaires, ou dans des tombeaux formés avec des laves debout ; ceux des familles riches étaient mis dans des sarcophages, ou brûlés avec grande pompe (1).

On rencontre très fréquemment sur le sol français des ossements, des armes, des monnaies, sans trace visible d'habitation. Cela vient de ce que, indépendamment des batailles qui dispersaient les corps des guerriers à travers la plaine, on peut se trouver en présence d'anciens villages détruits, sans que le sol en marque l'empreinte, phénomène facile à expliquer, si l'on se rappelle que les habitations, à l'époque celtique, étaient, au rapport de Vitruve, des huttes de bois et de terre, couvertes de chaume et de roseaux.

Verrey a très bien pu changer d'emplacement, comme beaucoup de villages, soit par suite d'incendie, de peste, ou simplement pour la plus grande commodité des habi-

---

(1) *Histoire de Volnay*, par l'abbé Bavard, p. 16.

tants, descendus de la colline dans le vallon, près du cours d'eau.

La limite du territoire, du côté de Drée, s'appelle *la Bastille* : ce mot semblerait désigner qu'il y a eu, à cet endroit, un fort, un ouvrage de défense : « Bastide, château fort, forteresse, bastille, terme de fortification, — cabane, hutte (1). »

La commune de Verrey-sous-Drée a des revenus insignifiants : mais la fortune publique est assez considérable.

---

(1) *Dictionnaire de l'ancienne Langue française*, par Godefroy.

CHAPITRE II

LES SEIGNEURS DE VERREY-SOUS-DRÉE
PHYSIONOMIE DE LA RÉVOLUTION DE 1789,
A VERREY

Nous n'avons pu découvrir à quelle époque fut formé le fief de Verrey-sous-Drée. Les plus anciens seigneurs connus sont les sires de Fontette. Peut-être qu'au début la puissante famille de Fontette possédait Verrey sans y avoir de séjour, à raison de la proximité du château de Fontette. Comme le village de Verrey a été occupé durant plusieurs siècles par les seigneurs de Fontette et que son existence s'est trouvée longtemps mêlée avec la leur, nous donnerons en note quelques indications sommaires sur le hameau et la famille de Fontette (1)

---

(1) Fontette n'était primitivement qu'une chapelle donnée à l'abbaye de Saint-Seine avec le village, et dont la possession lui fut confirmée par Alexandre III en 1178 et Innocent III en 1245. — On trouve Hugues le Roux de Fontoytes en 1136, Guy de Fontette en 1187, Barthélemi de Fontette en 1213, avec sa femme Adeline. Gauthier, évêque d'Autun, atteste que Adeline, épouse de Barthélemi de Fontette, a donné à Labussières le quart des tierces de Panthier, ce qui fut approuvé par ses frères Hugues et Jean. — Guillaume de Fontette, bienfaiteur de Labussière en 1259. — Jean reconnait tenir en fief de Jean de Drée en 1332. — Hugues paraît sous la bannière de Jean de Chaudenay, à la montre d'Avallon, en 1358. — Pierre Ier de Fontette, en 1454, fortifie l'ancien château de Lamargelle ; il fait construire cinq tours, fossé et pont-levis. Il porte sur sa tombe : *écartelé, d'or, aux 1 et 4, de trois fasces d'azur, aux 2 et 3, d'un aigle de gueules.* — Pierre II de Fontette, 33° abbé de Saint-Seine, de 1439 à 1484, obtient pour lui et ses successeurs le privilège de porter les insignes épiscopaux. — Jean de Fontette, seigneur d'Alligny,

Nous avons trouvé aux archives du département, des notes manuscrites ayant appartenu à M. Fardel de Daix, seigneur de Verrey-sous-Drée. Elles renferment des renseignements précieux que nous exploiterons (1).

Dans ce chapitre, nous traiterons successivement des familles qui ont possédé la terre et seigneurie de Verrey-sous-Drée, depuis le xive siècle jusqu'à la Révolution. Nous verrons aussi la physionomie et le développement de la Révolution dans ce village.

I. — La famille de Fontette et ses alliances.

1º JEAN DE FONTETTE
1332-1360

Jean de Fontette, seigneur de Verrey, était de la chambre de la noblesse aux Etats de Bourgogne en 1360 (2).

épousa Edmonde de Vingles, fille de Pierre, seigneur de Quemigny. Il mourut sans postérité, le 22 novembre 1554, et sa succession fut partagée entre ses neveux, Jean, Georges et Guillaume, le 13 mars 1555. (Bibl. de Dijon. *Recueil de généal. de Bourgogne*. — Pierre III de Fontette, neveu de Pierre II, lui succéda, et fut prieur de Saint-Mesmin, de 1484 à 1498. — Marguerite de Fontette épousa Nicolas de Béthoula, sieur d'Arcy, près de Noyers, qui fut tué par Jean Desbarres. Celui-ci demanda sa grâce à la cour, à genoux et la tête nue, le 3 février 1591. (Palliot.) — Hélène de Fontette, 19e abbesse de Prâlon, tirée du monastère de Saint-Jean d'Autun, où elle avait puisé l'esprit de réforme qu'elle établit à Prâlon. Cette vertueuse abbesse mourut en 1704, âgée de quatre-vingt-quatre ans, après vingt-quatre ans de gouvernement. — Jacqueline de Fontette, nièce de la précédente, 20e abbesse de Prâlon, de 1704 à 1711, où elle meurt. — Le domaine de Fontette était possédé au xviiie siècle par la famille Fevret, comme l'indique l'armoirie des Fevret, qui domine l'une des portes d'entrée du château.

On trouve à la bibliothèque de la ville de Dijon, une notice sur la maison de Fontette.

Les archives de Mâcon renferment des documents nombreux sur la famille de Fontette. M. Lex, archiviste du département de Saône-et-Loire, a eu l'obligeance de m'adresser l'inventaire de ces pièces. Je l'ai annexé aux archives paroissiales de Drée.

(1) Peincedé, tom. XXVIII, fº 525.
(2) Arch. de Mâcon. Lettre de D. Plancher, E, 254, 28.

2° JEAN DE CHASSENAY. — ISABELLE DE FONTETTE, SON ÉPOUSE
1375

En 1375, Jean de Chassenay, écuyer, sieur de Verrey-sous-Drée, et Isabelle, sa femme, damoiselle, font un bail du moulin de la ville, audit Verrey, à Le Roi, dudit Verrey (1). Cette Isabelle était de la famille de Fontette.

Le 18 juin 1436, Jean de Drée, seigneur dudit Drée et de Jours, consent à ce bail renouvelé.

3° PHILIPPE DE FONTETTE
1394-1415

En 1394, Philippe de Fontette, mineur, tient avec Jean de Chassenay, son oncle, des terres en fief à Fontette, du seigneur de Drée (2).

« Bail à cens fait en l'an 1415, par Philippe de Fontette, écuyer, seigneur de Verrey-sous-Drée, à Guillaume Bigolet, dudit Verrey, d'un moulin appelé *le Moulin du Pré*, jusqu'à la première eau et jusqu'à la voie commune, situé au finage dudit Verrey, et le bateau, pour le cens de deux quartaux de bled par moitié froment et avesne, mesure de Sombernon, et ce, sous le consentement de Jean de Drée, écuyer, seigneur dudit Drée, du fief duquel est ledit moulin (3). »

Philippe de Fontette eut pour femme Oudotte d'Alligny, comme on le verra dans l'article suivant.

---

(1) Peincedé, tom. XXVIII, f° 526.
(2) *Recueil de généalog. de Bourgogne.*
(3) Peincedé, tom. XXV, f° 578.

4° JEAN DE FONTETTE
1435-1477

En 1435, Jean de Fontette, seigneur de Verrey, Quincerot et Chevannay, épouse Jeanne de Damas.

« Permission de décembre 1436, accordée à Laurent Le Roi, de bâtir un foulon, par Oudotte d'Alligny, veuve de feu noble homme Philippe de Fontette, écuyer, et Jean de Fontette, leur fils, seigneur de Verrey-sous-Drée et dudit Fontette et de Remilly, et ledit Jean tant de son nom que de ses frères et sœurs germains, absents, et ce, du consentement de Jean de Drée, seigneur dudit Drée, et comme seigneur du fief. »

« Affranchissement fait en 1452, par Jean de Fontette, écuyer, seigneur de Verrey, en faveur d'un curé Le Roy, sous le consentement de Jean, seigneur de Drée; présent : Guérart Vambeignon, écuier, demeurant à Saint-Antot (1). »

Jean de Fontette assista aux Etats en la Chambre des nobles, convoqués et tenus à Dijon, l'an 1460, au mois d'août (2).

« Affranchissement de 1471 par noble seigneur messire Jean de Fontette, chevalier, seigneur de Verrey, ratifié par Gui de la Baume, chevalier, seigneur de la Roche de Vannau, de Marigny et de Bussy la Péle, avec seigneurie de l'arrière-fief dudit Verrey. »

On trouve à la même date de 1471, une fondation faite

---

(1) Peincedé, tom. XXVIII, f° 525.
(2) Palliot.

au couvent de Saint-Seine, par deux membres de la famille de Fontette, où l'on peut remarquer l'intérêt qu'ils portent à cette communauté et l'esprit de foi et de piété qui leur inspire le soin de préparer leur salut éternel. Il s'agit de Jean de Fontette, seigneur de Verrey, et de son frère, Pierre de Fontette, abbé de Saint-Seine. Voici cette pièce :

« Des lettres écrites en langue latine ayant été munies du sceau de l'abbé et de celui du couvent de Saint-Seine, du jeudi saint 26 mars 1471, par lesquelles Pierre de Fontette, abbé de Saint-Seine, et Jean de Fontette, chevalier, seigneur de Verrey-sous-Drée, son frère ; pour le salut de leurs âmes et de celles de leurs parents, de leurs prédécesseurs et de leurs successeurs, prieurs et religieux du couvent de Saint-Seine, se chargent des fondations suivantes, savoir : de la date desdites lettres à perpétuité, et chaque jour, chanter dans le chœur de leur église, aussitôt après la célébration de la messe de la sainte Vierge, l'antienne *Dei genitricis Mariæ*, qui commence ainsi : *Inviolata*, avec la collecte ordinaire, et ensuite le psaume *De profundis*, avec l'oraison *Fidelium*, et après le décès dudit abbé et dudit Jean de Fontette, après le psaume *De profundis*, l'oraison qui commence ainsi : *Inclina*, avec la collecte et le *Fidelium*, etc. Après le premier *Agnus* de la première messe, les versets : *O salutaris hostia*, et *Uni trinoque Domino*, le tout à haute voix ; et le prêtre célébrant ladite messe dira à voix basse les mêmes versets et le premier verset *Panem cœli*, avec le répons *Panem angelorum*, avec l'oraison *Deus, qui sub sacramento*. Auxquelles fondations lesdits religieux consentirent et promirent de les exécuter. Et pour lesdites charges, reconnurent avoir reçu comptant la somme de 150 livres tournois, pour convertir en fond, pour l'augmentation de la pitance dudit couvent. »

En 1473, reprise du fief de l'abbé de Saint-Seine par Jean de Fontette, chevalier, seigneur de Verrey et dudit Fontette, de ce qu'il a à Chavannay, qu'il a acquis par échange de l'abbé. La même année, Jean de Fontette, chevalier, seigneur de Verrey, et Pierre de Fontette, prieur de Saint-Mesmin, sont présents à un traité d'accord entre Guyot Damas, écuyer, et Philibert de Nanteuil (1).

Jean de Fontette est présent au contrat de mariage de Philippe de Longvy, sieur de Longepierre, avec Jeanne de Beauffremont, dame de Mirebel, de la Borde et de Serrigny, veuve de feu noble seigneur messire Jacques Rolin, seigneur de Présilly, 4 mai 1477 (2).

En 1487, Jeanne de Damas était veuve de Jean de Fontette, dont elle avait deux fils : Philippe et Jean de Fontette.

5° PHILIPPE DE FONTETTE
1450-1505

Il est fait mention de Philippe de Fontette, écuyer, seigneur de Verrey-sous-Drée, dans une sentence arbitrale du 9 octobre 1484 (3). Il vivait encore en 1505.

---

(1) Palliot.
(2) *Ibid.*
(3) *Ibid.*

Le 20 octobre 1495, Guillaume Roy, de Verrey-sous-Drée, assiste comme témoin à un compromis passé en l'église de Saint-Seine, entre les religieux, ayant pour abbé Pierre de Fontette, et les habitants de cette terre. C'était à propos du fameux arrêt général du 7 avril 1495, rendu au Parlement de Dijon, qui confirme les religieux dans leurs droits et privilèges (1).

Philippe de Fontette fonda, par son testament, en l'église de Saint-Andoche de Saulieu, et au lieu où il fut depuis inhumé, une messe par semaine et un anniversaire. Il avait donné pour cela à cette église douze livres de rente, assignées sur la terre de Verrey et rachetables de la somme de 120 livres : cette rente fut rachetée par Antoinette de Fontette et Claudine, sa sœur, filles de Philippe, le 26 novembre 1546 (2).

Jean, frère de Philippe, était seigneur de Fontette. Le 1er novembre 1503, il tient ès lieux de Fontette, Remilly, Grenant, Charmois, Lantillières et Verrey, en la prévôté de Pouilly, Chailly, Saulceaux, Chevannay, Quincey et Quincerot, 220 gros (3).

6° JEAN DE PLAISANCE. — ANTOINETTE DE FONTETTE
1538-1547

Antoinette de Fontette était fille de Philippe II de Fontette, seigneur de Verrey et de Bussière, près Sau-

---

(1) Un exemplaire de ce document se trouve aux archives municipales de Saint-Hélier.
(2) Palliot.
(3) Gros, monnaie valant six blancs ou deux sols six deniers.

lieu. Elle épousa en premières noces Jean de Plaisance (1). Ce fut durant ce mariage qu'elle fonda la chapelle du château de Verrey, en 1547. C'est à ce titre que nous possédons son mausolée, qui se trouve au bas de l'église de Verrey. Le manuscrit Fardel renferme toute garantie à ce sujet. Il s'exprime ainsi :

« Dans la chapelle de Verrey, il y a la ressemblance d'Antoinette de Fontette », et, sous le tableau des indulgences accordées par l'évêque, en 1547, il est dit : « Pour prier Dieu pour Jean de Plaisance, chevalier de Verrey, et ladite Antoinette, sa femme (2). » Au socle, une inscription portait : « Vraie semblance de damoiselle Antoinette de Fontette, fondatrice de cette chapelle. »

Jean de Plaisance, écuyer, et dame Antoinette, sa femme, achètent, le 3 juillet 1538, pour la somme de mille livres, la terre et seigneurie de Bussière-lez-Saulieu (3) à Alexandre de Damas, seigneur de Villers-la-Faye et de Sanvignes, qui l'avait achetée de Claudine de Fontette.

Antoinette de Fontette et Jean de Plaisance, écuyer, seigneur de Verrey-sous-Drée, de Remilly et de Bussière-lez-Saulieu, son mari, se font une donation mutuelle de tous leurs biens et seigneuries au survivant d'eux. L'acte passé au château de Verrey par-devant Edme Bourgeois, notaire à Semur, le 25 mai 1547 (4).

---

(1) Plaisance, hameau de Quemigny-sur-Seine. On voyait encore, au commencement de ce siècle, les ruines d'une maison bourgeoise, aujourd'hui totalement détruite.
(2) Peincedé, tom. XXVIII, f° 526.
(3) Bussière, paroisse de Montlay. — Voir *Le Morvand*, par l'abbé Baudiau.
(4) Palliot.

Les armes de Plaisance étaient : *d'or au chevron de gueules, à trois merlettes d'or, posées deux en chef et une en pointe.*

7° LAURENT DE PRACONTAL
1550

Antoinette de Fontette épousa en secondes noces Laurent de Pracontal, chevalier de l'ordre du roi (1). Elle eut un fils de ce dernier, Andrémond de Pracontal, qui fut seigneur de Verrey.

8° ANDRÉMOND DE PRACONTAL
1571

Acte d'affranchissement fait en 1571, par damoiselle Antoinette de Fontette, relicte de Laurent de Pracontal et Andrémond de Pracontal, son fils, chevalier de l'ordre du roi, seigneur de Soussey, Beurizot et dudit Verrey-sous-Drée, en faveur de Jacques de Bécourt, écuyer, leur maître d'hôtel.

Philibert de Fontette constitua une rente de quatre-vingt-trois francs six sous huit deniers, au principal de trois cent trente-trois écus un tiers (mille livres) au profit de messire Andrémond de Pracontal, baron de Roche-en-Valoye, Soussey, Beurizot, Verrey, etc. (2).

Andrémond de Pracontal, seigneur royaliste durant la Ligue, mort en 1600, laissait de Toussaine de Saulx-

---

(1) Bibliot. de Dijon. Notice sur la famille de Fontette.
(2) Archives de Mâcon. Documents sur la famille de Fontette.

Vantoux, Antoine, qui épousa, le 14 février 1611, Anne, fille de César de Bourbon-Busset (1), seigneur de Vésigneux, en Morvand, dont une fille unique, Louise de Pracontal, qui porta Soussey à Fr. Damas de Crux, en 1648 (2).

Les Pracontal portaient : *tiercé en fascé : le 1 d'azur à trois fleurs de lis d'or, le 2 d'argent, le 3 de gueules.*

Les armes de Fontette étaient : *fascé d'or et d'azur de six pièces, écartelé d'or à l'aigle de gueules* (3).

II. — Les familles Frémiot et Des Barres.

Au commencement du XVIIe siècle, la seigneurie de Verrey appartint quelque temps à la maison de Bussy, représentée par la famille Frémiot, alliée aux Neuchèses. A cette époque eut lieu l'érection de Bussy en baronnie, avec annexion de Drée et Saveranges (1595). Dans le document suivant, Marguerite Frémiot est appelée dame de Verrey. Nous savons que Marguerite Frémiot fut épouse de Jean-Jacques de Neuchèses, baron de Bussy, Drée, etc. Le même texte nous apprendra que cette dame transmit la terre de Verrey à un membre de la famille Des Barres, alliée à la sienne.

« Dénombrement fait en 1621 de la terre dudit Verrey, par noble homme Charles Des Barres, trésorier de

---

(1) La maison de Bourbon-Busset descend de Charles, petit-fils de Robert de France, sixième fils de saint Louis.
(2) Courtépée : Article *Soussey.*
(3) Palliot.

France, seigneur de Pierrecourt et Pouilly-les-Dijon, père et administrateur de Bernard Des Barres, son fils, donataire de ladite terre de Verrey, de damoiselle Marguerite Frémiot, dame dudit lieu, (dénombrement) fait à messire Bénigne de Neuchèses, gentilhomme ordinaire de la chambre du roi, baron de Bussy, Totte et Drée, à cause que ledit Verrey relève de Drée (1). »

Bénigne de Neuchèses était fils de Jean-Jacques de Neuchèses et de Marguerite Frémiot.

CHARLES DES BARRES
1622

Charles Des Barres, seigneur de Verrey-sous-Drée, trésorier général de France, épousa en 1568 dame Marthe de Berbisey, héritière universelle de Claude de Berbisey.

Charles Des Barres avait hérité, en 1615, par donation, d'une partie des biens de Michelle de Berbisey, sa tante, qui n'avait pas d'enfants.

Il eut un fils, Bernard, et une fille, Jeanne, mariée en 1612 à Palamède Gonthier, seigneur de Sauvement, élu aux Etats de Bourgogne en 1613. Charles était mort en 1624.

BERNARD DES BARRES
1641

Bernard Des Barres, fils de Charles, succéda à son père dans la seigneurie de Verrey-sous-Drée.

« Le 30 décembre 1641, affranchissement par noble

---

(1) Peincedé, tom. XXVIII, f° 526.

PORTE OCCIDENTALE du CHÂTEAU de VERREY-S-DRÉE

Bernard Des Barres en faveur de René Beaufort, menuisier, et Claudine Chambin, sa femme, lesquels il affranchit, leur postérité née et à naître, avec les biens qui leur appartiennent rière (derrière) ladite justice, ensemble ceux qu'ils pourront acquérir jusqu'à la somme de deux cents livres, à la charge de payer les droits, devoirs, redevances, prestations réelle, personnelle, suivant que le tout est contenu au terrier dudit seigneur, ainsi qu'un chapon le jour de la Saint-Martin d'hiver, assigné sur les biens affranchis, demeurant quittes et déchargés de celui qu'ils doivent à cause d'un affranchissement jadis fait sur partie des susdits biens (1). »

Les Des Barres portaient : *d'azur à la fasce d'or chargée d'une étoile de gueules, et accompagnée de trois croissants d'argent.*

Les Frémiot portaient : *d'azur à trois merlettes d'argent, deux en chef et une en pointe, surmontées de trois étoiles d'or, posées de même, au chef cousu de gueules brochant sur les deux étoiles du chef.*

III. — La famille Fevret.

Aux Des Barres succédèrent les Fevret, originaires de Semur-en-Auxois. Les Fevret furent seigneurs de Saint-Mesmin, de Fontette et de Verrey-sous-Drée.

Les Fevret portaient d'abord : *d'azur à une bande d'or, de trois pièces.* Vers 1440, Hélène de Gorgiard, épouse de Jean Fevret, institua par son testament Gérard

---

(1) Peincedé, tom. IV, f° 179.

Fevret, son fils, son héritier universel, à condition qu'il joindrait ses armoiries à celles de son père ; elles portaient : *d'argent à une hure de sanglier arrachée de sable, armée d'argent et lampassée de gueules.* Depuis ce temps, la famille des Fevret a toujours porté : *écartelé, aux 1 et 4 de Fevret, aux 2 et 3 de Gorgiard* (1).

BÉNIGNE FEVRET
1656-1688

Bénigne Fevret, seigneur de Verrey, né le 8 février 1630, fut pourvu d'un office de maître des comptes en 1655. Il épousa en 1656 Jeanne Bretagne, dont il eut dix

---

(1) Armorial de la Chambre des comptes. — Claude Fevret, en 1583, avait pour devise : *Virtutis amore, cætera vilescunt,* laquelle devise a été paraphée par les vers suivants.

> L'homme de bien incessamment soupire
> Pour la vertu comme pour un trésor.
> Qui la possède a tout ce qu'il désire ;
> Car par la force seule il obtient un empire
> Qui vaut mille fois plus que tout le prix de l'or.
> (*Fatras,* fonds Juigné.)

Le membre le plus célèbre de la famille Fevret fut Charles. Il fut le conseil du pays sous Louis XIII, député près du roi, chargé de le haranguer à Dijon, après la sédition de 1630 : il plaida à genoux ; le roi ne put retenir ses larmes et fit imprimer le discours de Fevret. Charles est auteur de plusieurs ouvrages excellents. — En 1634, Charles Fevret acquit un domaine à Saint-Mesmin ; il l'augmenta petit à petit ; mais ce n'est qu'en 1648 qu'il acquit de l'abbaye de Saint-Seine les droits seigneuriaux de Saint-Mesmin, Bonidan, Godan et Maison-Guyot. Il eut de son épouse, Anne Brunet, dix-neuf enfants, qui entrèrent pour la plupart en religion. Jacques, un de ses fils, eut dix-huit enfants, dont Isaac, le chef de la branche collatérale. — Fontette vint aux Fevret par le mariage de Charles III Fevret avec Marie de Chalus, fille de Claude, seigneur de Fontette. — Le dernier des Fevret de la branche aînée fut Charles-Balthasar-Julien, qui mourut à Dijon en 1852. La science l'appelle M. de Saint-Mesmin. — Sophie Fevret épousa à Fribourg, durant l'exil, en 1795, Jacques-Gabriel de Juigné, dont Raoul-Victor, héritier de la branche aînée. — Les Fevret de Verrey appartiennent à la branche collatérale.

fils et cinq filles, entre autres Jean-Baptiste, né en 1671, seigneur de Dameron, capitaine dans Mauroy, mort en 1733, et Bénigne-Nicolas, seigneur de Daix, prévôt des maréchaux. Les Bretagne portaient : *d'azur à la fasce ondée d'or, accompagnée de trois grelots de même en chef, et en pointe, d'un croissant d'argent.*

Bénigne Fevret se distingua dans son corps par son zèle, son application et son intelligence dans les affaires ; Il fut député plusieurs fois à Paris et ailleurs pour des affaires importantes à sa compagnie, dont il sut ménager les intérêts avec zèle, prudence et succès. Il mourut à Dijon, le 21 décembre 1694, et fut inhumé en la Sainte-Chapelle du roi. Voici son épitaphe : *Hic tristi sub tumulo jacent cineres domini Benigni Fevret, domini de Verrey, ac in supremâ Rationum Burgundiæ curiâ senatoris :* Sous ce triste tombeau reposent les restes de messire Bénigne Fevret, seigneur de Verrey, et maître de la Chambre des comptes de Bourgogne (1). Il avait donné Verrey à son fils Charles en 1688.

CHARLES FEVRET
1688-1742

Charles Fevret, fils du précédent, né en 1657, fut chef d'escadron, alcade de la noblesse; il fut seigneur de Verrey, épousa en 1704 Michelle Mochot, veuve de Gilles Catelin, et mourut en 1742.

Claude, frère de Charles, lieutenant de vaisseau, se

---

(1) Armorial de la Chambre des comptes.

fixa en Amérique et fit un établissement dont jouit la postérité qu'il a laissée.

Des mains des Fevret, le domaine de Verrey passa en celles de Louis Fardel, en 1733. Voici en quelles circonstances.

IV. — La famille Fardel de Daix.

LOUIS FARDEL DE DAIX
1733-1741

Charles Fevret s'était fait caution pour Claude Fevret, écuyer, son frère, envers messire Julien Clopin (1). La terre de Verrey fut mise en décret et vendue. Le sieur Louis Fardel acquit de Charles Fevret le domaine de Verrey, avec les fonds situés dans les finages voisins, surtout sur Bussy, par contrat du 4 mars 1733, moyennant le prix de 22,000 livres, payables à dame Anne Joly, veuve de Julien Clopin ; il devait en outre donner 2,000 livres à messire Fevret et lui payer une pension viagère de 1,000 livres (2).

Cette acquisition fut attaquée par M. de la Toison, de Bussy, *en commise*, c'est-à-dire comme contractée sans le consentement du seigneur de Bussy, dont Drée et Verrey relevaient. La vente fut validée, car nous savons que la famille Fardel posséda Verrey jusqu'à la Révolution.

En 1741, Louis Fardel, écuyer, secrétaire du roi, re-

---

(1) Julien Clopin, conseiller au Parlement, maire de Dijon de 1703 à 1711. (Cour tépée.)

(2) Bibliot. de Dijon. Procès Fardel-La Toison.

prend de fief de la terre et seigneurie de Daix, comme adjudicataire, par décret fait sur les biens de M. Fevret, prévôt (1).

BÉNIGNE FARDEL DE DAIX
1747

On voit en 1747 messire Bénigne Fardel, conseiller du roi au Parlement, président aux requêtes du palais à Dijon, seigneur de Verrey. Il était fils du précédent et était seigneur de Daix, où il avait une maison que Courtépée appelle « un très joli château à la moderne. »

LOUIS FARDEL DE DAIX
1789

En 1789, messire Louis Fardel de Daix, fils de Bénigne, président au Parlement de Bourgogne, dernier seigneur de Verrey-sous-Drée, fut le témoin attristé et la victime des excès de la Révolution. C'est en lui qu'on voit se clore l'ère de la féodalité parmi nous. Dans un procès qui exista au siècle dernier entre ce seigneur de Daix, les propriétaires de Changey et le prieur de Bonvau, pièce en la possession de M. Lamblin, propriétaire de Changey, M. Fardel est ainsi qualifié : Louis Fardel, écuyer, secrétaire du roi, honoraire en la Chambre des comptes, aydes, domaines et finances de Dole, seigneur engagiste de Daix (1769). La famille Fardel tenait du sieur Fevret la seigneurie de Daix, adjugée le 5 juillet 1741.

---

(1) La maison de Daix, aujourd'hui maison Marion, porte le chiffre de 1624.

Voyons maintenant la physionomie de la Révolution à Verrey-sous-Drée.

Nous avons trouvé aux archives départementales un document historique important, non-seulement au point de vue local qui nous préoccupe, mais encore comme présentant très nettement une partie des griefs de la société d'alors contre le régime gouvernemental. On y voit que les germes de la Révolution étaient partout.

Voici d'abord le procès-verbal de l'assemblée de Verrey du 9 mars 1789 :

« Aujourd'hui neuf mars 1789, l'assemblée, convoquée au son de la cloche en la manière accoutumée à Verrey-sous-Drée, où se tiennent les assemblées de ce lieu, par devant nous Jean-Baptiste Vereuille, notaire royal demeurant à Villy-en-Auxois, juge ordinaire de la justice dudit Verrey-sous-Drée, ont comparu en personne : Claude Falconnet, Nicolas Lamarche, Edme Massenot, la veuve Claude Lévesque, Jean Raboissaut, Pierre Desvignes, la veuve Massenet, Joseph Delphis, Jean Toitot, la veuve Saint-Etrans, François Paillet, la veuve Boiteux, François Lévesque, René Lamarche, la veuve Cunier, Pierre Boulot, Bernard Toitot, Jacques Simonot, Jean-Baptiste Brivot, Noël Potot, Nicolas Regnard, Pierre Paillet, Pierre Lamarche, Pierre Toitot, la veuve Pierre Lamarche, Jacques Toitot, Etienne Moret, Jean Moret, François Falconnet, Bénigne Costet, Claudine Colas, Pierre Boucherot, tous nés français, âgés de vingt-cinq ans et plus, compris dans le rôle des impositions et habitants dudit Verrey, composé de trente-deux feux. Lesquels, pour obéir aux ordres de Sa Majesté, portés par les lettres données à Versailles le vingt-quatre janvier dernier, pour la convocation et tenue des Etats généraux de ce royaume, et satisfaire aux dispositions du règlement y annexé ainsi qu'à l'ordonnance de M. le lieutenant particulier du bailliage de Semur-en-Auxois, du vingt-sept février dernier, dont ils nous ont déclaré avoir eu parfaite connaissance, tant par la lecture qui vient de leur être faite que par la lecture et publication ci-devant faite au prône de la messe paroissiale par M. Belin, curé dudit lieu, le jour d'hier, et par la lecture, publication et affiche pareillement faites le même jour, à l'issue de ladite messe de paroisse, au devant de la porte principale de l'église ; nous ont déclaré qu'ils allaient d'abord s'occuper de la rédaction de leurs cahiers de doléance, plainte et remontrance ; et en effet, y ayant vaqué, ils nous ont représenté ledit cahier, qui a été signé par ceux desdits habitants qui savent signer, les autres ayant déclaré ne le savoir, de ce enquis.

» Et de suite lesdits habitants, après avoir mûrement délibéré sur le choix d'un député qu'ils sont tenus de nommer, en conformité desdites lettres du roi et règlement y annexé, et les voix ayant été par nous recueillies en la manière accoutumée, la pluralité des suffrages s'est réunie en faveur de Jean Moret, maçon, qui a accepté ladite charge et promis de s'en acquitter fidèlement.

» Ladite nomination du député ainsi faite, lesdits habitants ont, en notre présence, remis audit Jean Moret, leur député, leur cahier, afin de le porter à l'assemblée qui se tiendra le seize du courant, par-devant M. le lieutenant particulier du bailliage de Semur-en-Auxois, et lui ont donné tout pouvoir requis et nécessaire à l'effet de les représenter en ladite assemblée, pour toutes opérations prescrites par l'ordonnance de M. le lieutenant particulier, comme aussi de donner pouvoir général et suffisant de proposer, remontrer, aviser et consentir tout ce qui peut concerner les besoins de l'Etat, la réforme des abus, l'établissement d'un ordre fixe et durable dans toutes les parties de l'administration, la prospérité générale du royaume, et le bien de tous et chacun des sujets de Sa Majesté. »

Voici maintenant le cahier de doléance, plainte et remontrance des habitants de Verrey-sous-Drée.

« Cette communauté est composée de trente-deux taillables, dont six veuves et six vieillards hors d'état de gagner leur vie; reste donc à vingt, desquels il faut que le travail fasse leurs affaires et subsiste, pour ainsi dire, les douze autres.

» Le peu d'intelligence de ces vingt ouvriers, dénués de tout commerce, et chargés non-seulement des impôts royaux, mais encore de plus de douze cents livres de cens, tant en grain qu'en argent, envers la seigneurie, les met dans le triste cas de succomber sous le poids de ces différents impôts, ce qui nous met dans le cas de supplier très humblement le bon roi, que nous chérissons, d'avoir égard à notre misère, s'il y a lieu.

» Notre ignorance ne nous permet pas de lui faire des observations telles qu'il les désirerait; nous nous bornons donc à lui observer très respectueusement que l'impôt que l'on appelle taille royale dans cette province, et en entier supporté par le peuple, est néanmoins employé à la solde et entretien des maréchaussées, ponts et chaussées et autres charges de ladite province, toutes lesquelles choses sont beaucoup plus utiles aux ecclésiastiques du haut clergé, à la noblesse et aux riches plébéiens qu'au peuple ; qu'il serait de toute équité de le faire supporter aux trois ordres, sans privilège et à raison de chaque individu.

» Que nous croyons qu'il serait très utile d'établir un nouvel ordre d'administration dans cette province et de simplifier la manière d'y percevoir les impôts, qui est vraiment très coûteuse et forme presque elle-même un impôt. Nous demandons un nouvel ordre d'administration parce que nos vingtièmes sont abonnés dans cette province et que le peuple ne profite pas du bénéfice qu'elle fait ; et comme on nous a dit qu'un certain seigneur, possédant une terre de douze mille livres de revenus, fait payer aux environs de deux cents livres, et qu'un autre qui en possède une de pareils revenus n'est imposé qu'à trente livres.

» Que pour parer, s'il est possible, à un nouvel état, il serait à propos que Sa Majesté se décidât, aux Etats généraux, à prendre une partie quelconque des revenus des bénéfices du haut clergé séculier et régulier, même des monastères opulents, pour autant de temps qu'il en faudrait pour acquitter les dettes de l'Etat, et de ménager seulement les pauvres curés et desservants des campagnes, qui ont à peine des revenus pour subsister et s'entretenir dans la décence qu'exige leur état, et payer les dîmes dont la majeure partie est déjà pour nous trop surchargée.

» Qu'au surplus, nous adhérons à tout ce qu'ont fait et dit, diront et feront les avocats, corps, corporations, municipalités et tiers-état des villes de Dijon, Semur-en-Auxois, Chalon-sur-Saône, Arnay-le-Duc et Flavigny.

» Fait et rédigé en corps de communauté assemblé ce jourd'hui, huit mars mil sept cent quatre-vingt-neuf. »

En 1790, le dix octobre, M. Fardel, pressentant l'orage et la nécessité de prendre bientôt le chemin de l'exil, voulut, de concert et sur la réquisition du sieur de Fontette, chevalier d'honneur du Parlement de Bourgogne et de l'ordre militaire de Saint-Louis, seigneur de Sommery (1), garantir la propriété du mausolée situé dans la chapelle. Un procès-verbal fut dressé par J.-B. Vereuille, notaire royal à Villy-en-Auxois, et déposé au greffe. Nous donnons ce document en entier dans l'article relatif à la chapelle du château. M. Fardel, au moment de l'émigration, se retira à Fribourg en Suisse. C'est là qu'il vécut durant la Révolution, ayant pour compagnon d'exil son respectable ami, M. Belin, curé de Drée.

En l'absence du maître, le château de Verrey fut habité par Mlle Belin, sœur du curé émigré, et les demoiselles Geneviève Brion et Marie Gamet, ses parentes. Le huit messidor an IV, Mlle Brion, par un acte passé à l'administration municipale du canton de Sombernon, obtint délivrance, pour trois années, des maison, cour et jardin dudit ci-devant château, moyennant la somme de 140 fr. pour chaque année (2).

---

(1) Sommery, près Bourbon-Lancy.
(2) Archives de la paroisse.

L'an III de la République, une saisie d'or et d'argent monnayé et d'argenterie eut lieu au château de Verrey, par les ordres du représentant du peuple Lambert, sur les émigrés Fardel et Belin, sur la dénonciation de Anne-Claire Petit, institutrice à Echalot.

Le 23 vendémiaire, Lambert, représentant du peuple à la Convention nationale, et Pierre Debouvand, agent national du district d'Arnay-sur-Arroux, se rendirent à la Chaleur, dans la maison du citoyen Rameau, administrateur du département de la Côte-d'Or. On y avait fait conduire, par le citoyen brigadier de la gendarmerie de Sombernon, les citoyennes Gamet et Brion, auxquelles on fit subir un interrogatoire au sujet du trésor caché audit château de Verrey. On les confia ensuite à la gendarmerie, pour être conduites le lendemain à Verrey.

Le 24 vendémiaire, Pierre Debouvand, accompagné du citoyen Jean Moret, maire de Verrey, en présence des citoyens Jean Masson et Jean Lapostolet, gendarmes nationaux de la brigade de Sombernon, pénétra au ci-devant château de Verrey. Il fit venir Jeanne Lamarche, mariée à Joseph Moiton, de Drée, actuellement au domicile de la citoyenne Belin, et lui fit subir un interrogatoire ainsi qu'à la citoyenne Belin. Ils passèrent ensuite à la chambre du four, où se trouvait une cachette sous laquelle Jeanne Lamarche a dit avoir levé un carreau, sous lequel elle avait fait un creux, il y avait environ dix-huit mois. On le fit lever et gratter la terre. On trouva deux timbales en rosette renfermant plusieurs sommes d'argent pour diverses destinations. Un sac de toile renfermait 1,152 livres. En tout 1,537 livres 16 sols 3 deniers. Il y avait aussi de l'argenterie ayant appartenu à la famille Belin, qui, pesée à Arnay, chez le citoyen Antoine Deschamps, marchand, s'élevait à seize marcs six onces cinq gros, lesquels, estimés 48 livres l'un, faisaient 807 livres 15 sols.

Les matières d'or et d'argent étaient reçues à l'atelier monétaire, l'argent était adressé à la trésorerie nationale.

La vente du mobilier de la famille Belin eut lieu le 26 octobre 1792 par le citoyen Mairet. Elle s'éleva à la somme de 809 livres 7 sols, qui fut versée le 6 novembre dans la caisse du receveur de l'enregistrement, à Pouilly.

Le total des valeurs saisies au château de Verrey s'élevait à 3,153 livres 38 sols 3 deniers.

Le 25 juillet 1825, les pièces et procès-verbaux relatifs à cette affaire furent remis à M. le comte de Courtivron, en vue d'obtenir l'exécution de la loi du 27 avril de la même année, concernant l'indemnité (1).

Pendant le cours de la Révolution, la seigneurie de Verrey fut vendue nationalement. Le 25 germinal an II, les habitants et quelques particuliers étrangers à la localité achetèrent 176 lots pour la somme de 87,532 francs. Le reste, comprenant principalement le château et ses dépendances, fut adjugé, au mois de brumaire an VI, à MM. Simon Sage et Antoine Georges, de Beaune, moyennant la somme de 91,000 francs (2). Ces messieurs revendirent en détail.

---

(1) Archives paroissiales.
(2) Archives départementales.

Depuis ce moment, les habitants de Verrey jouissent d'une aisance relativement considérable.

M. Fardel de Daix, au sortir de la Révolution, le 16 pluviôse an XI, rentra en possession du château de Verrey. Ne pouvant obtenir la cession du grand verger, il abandonna définitivement Verrey pour se retirer à Daix, qu'il quitta aussi pour habiter Ambronay (Ain). M. Fardel n'avait pas d'enfants.

La rétrocession du château de Verrey fut faite le 30 septembre 1812, en faveur des anciens acquéreurs, Maurice et Claude Toitot frères, Pierre Lequin et Pierre Boiteux, moyennant la somme de 5,925 fr. (6,000 livres tournois).

Avant de clore ce chapitre, nous dirons un mot des assemblées périodiques qui se nommaient les grands Jours, instituées par François Ier. Nous avons parcouru, à l'hôtel des archives départementales, plusieurs rédactions des assemblées de Verrey. Elles portent presque toujours les mêmes observations et règlements; elles sont empreintes de l'esprit de religion et de bon ordre. Le premier règlement de police, renouvelé chaque fois, défendait aux habitants de jurer et de blasphémer le saint nom de Dieu, de s'attrouper et de tenir jeu public, de fréquenter les cabarets les jours de fêtes et dimanches, pendant les services divins et pendant la nuit, et aux cabaretiers de recevoir chez eux, dans lesdits temps, et les enfants de famille et domestiques, en quelque temps que ce soit, aux peines portées par les arrêts généraux.

CHAPITRE III

CHATEAU DE VERREY-SOUS-DRÉE. — CHAPELLE

Le château de Verrey-sous-Drée, situé en côte au nord du village, renferme actuellement une dizaine de maisons d'habitation avec leurs dépendances, établies soit dans les anciennes pièces soit dans les bâtiments de service. Il s'encombre de constructions modernes qui lui font perdre son cachet primitif. Essayons de dessiner la physionomie de ce château à l'époque de sa splendeur.

Le château de Verrey paraît appartenir à l'époque de transition entre la demeure fortifiée des seigneurs du moyen âge et le palais de campagne de la fin du XVIe siècle.

Il est flanqué de quatre tours, une carrée et trois cylindriques, percées de meurtrières. Le principal corps de logis est situé entre les tours, du côté du nord ; ouverture et cour du côté du midi.

Au centre de la façade, à l'intérieur de la cour, tour carrée renfermant l'escalier, chose très fréquente aux XVe et XVIe siècles. L'angle de cette tour est arrondi en bas pour la légèreté.

Nous savons qu'il y eut des seigneurs de Verrey depuis

l'an 1360 au moins. Toutefois ce château doit dater de la fin du xve siècle ou du commencement du xvie. A cette époque, Verrey appartenait à l'ancienne famille de Fontette, et les souvenirs d'un de ses membres, Antoinette, y sont encore vivants.

Le corps de logis ne contient qu'un étage supérieur. L'arc en accolade se voit à toutes les ouvertures. Deux fenêtres géminées, aux angles en demi-creux ou cavets. La porte de la tour centrale est ornée de moulures, se terminant en accolade; cavet bordé d'un tore. Quelques-unes des portes sont rustiques, en bossage, moellons alternant avec des pierres percées. Au-dessus de ces portes, corniche portant des vases aux angles ; amortissement terminé par un buste.

La porte occidentale, donnant accès au grand escalier, est très remarquable. Elle est en anse de panier, appareillée en bossage à refends triangulaires, le tout accosté d'un entablement ionique, supporté par deux colonnes de cet ordre et surmonté d'un fronton curviligne. Au milieu du fronton, un cartouche avec enroulement, portant les initiales B M et double C. Nous pensons pouvoir interpréter ces initiales dans le sens suivant : Charles Des Barres et Marthe Berbisey ; un des C s'entrelace au B qui aurait double emploi, et rappellerait les Des Barres et les Berbisey. En effet, Charles Des Barres, époux de Marthe Berbisey, était seigneur de Verrey en 1620 environ. C'est donc à cette époque qu'il faut attribuer les modifications et embellissements apportés au château de Verrey. La tradition du reste s'accorde avec ces données. Au-dessus du fronton, une corbeille de fruits, en pierre, bien fouillée, de grande dimension, paraît avoir été placée après coup en cet endroit.

A côté de cette porte, sur un socle, une statue à double face : d'un côté, l'image de la Vierge-mère, de l'autre face, une femme priant. A droite et à gauche de cette même porte, deux piédestaux en pierre de taille finement moulurés, dont l'un supporte encore un lion sculpté.

Pénétrons maintenant dans l'intérieur du château. L'escalier en pierre conduit d'abord à la grande salle d'honneur. Elle est encore très belle, malgré ses détériorations. Les murs sont revêtus de peintures à fresque, ainsi que le plafond à la française, à poutres et solives apparentes. Ce plafond est couvert de rinceaux avec devises, comme celle-ci : *J'honore les grands, ne méprise les petits*, de lettres et d'écussons, particulièrement ceux de Jean de Plaisance et d'Antoinette de Fontette, son épouse. Porte à panneaux dont les montants sont couverts de rinceaux blancs sur fond gris bleu, et les panneaux, de rinceaux blancs sur fond rouge. Des bustes d'animaux ornaient les murs, portant divers écussons.

Le mur à gauche en entrant présente une première scène qui a trait évidemment au mariage d'Antoinette de Fontette : un château à créneaux, échauguettes, chapelle gothique ; d'un côté, un amour qui décoche une flèche, de l'autre, Antoinette écrivant sur des tablettes : *Aimons*. A gauche, l'écu suivant : *parti : à dextre, d'or à trois pensées ; à senestre, d'azur à l'aigle d'or*. Dans la frise, deux inscriptions en lettres gothiques : *Luy fauldray Antoinette de Fontettes*, et plus loin : *Aimer on doit Plaisance.* Ensuite, deuxième scène, représentant Antoinette tenant un enfant; derrière, un personnage debout. Au sommet, répétition des mêmes devises. Dans un endroit de ce panneau, armes *parti de France et de Navarre*, fleurs de lis et chaînes entrelacées.

Dans le mur suivant, scène champêtre : un berger et une étable à la rentrée du troupeau; au-dessus, la devise : Aimer on doit Plaisance. Plus loin, un buste de cheval portant l'écu des Des Barres, et un autre : *d'azur à un animal d'argent, à un croissant de même, en chef.* Le fond du sujet est une autre scène champêtre : une maison rustique, une bergère avec des ciseaux ; plus loin, un berger jouant d'un instrument.

Au fond de la pièce, belle cheminée à fines nervures. Sur la face, un cerf couché, portant deux écussons : sur le flanc, *bandé d'or et d'azur de six pièces à la bordure de gueules,* qui est de Bourgogne ; sur la poitrine, *parti, à dextre* (effacé); *à sénestre, d'azur au lion d'or;* harnais *d'azur à fleurs de lis* alternant avec la lettre F (probablement Fevret). A droite de la cheminée, armes de Condé : *fleurs de lis de France avec le bâton péri en abîme pour brisure.*

Sur le mur, près de la porte, paysage, château, deux génies portant un écusson, *d'azur à la bande d'or, en chef, trois cœurs d'or,* surmonté d'un cimier. On voit aussi les armes suivantes : *écartelé, d'azur, aux 1 et 4, au lambel de gueules; aux 2 et 3, au cœur d'or.* A côté de la porte, écusson *parti, à dextre, d'azur au lambel de gueules; à sénestre, d'azur au sceptre de sable.*

Dans l'escalier, au-dessus de la porte, écusson qui

porte : *parti, en chef, au 1, d'or à deux lions léopardés, passant, de gueules; au 2, d'or au lévrier rampant, d'azur; en pointe, au 1, d'azur aux trois tours d'or ; au 2, d'azur à trois pals d'or; au 3, d'or aux deux lions léopardés, d'azur ; sur le tout, d'or au créquier de gueules.*

Dans cette pièce, on trouve répété plusieurs fois l'écu des Fevret, surtout dans le cordon armorié qui règne au bas des panneaux, tout autour de la salle. Ce cordon présente des médaillons à personnages romains, alternant avec divers écussons; nous lisons en bas de quelques-unes de ces armes, les mots suivants : Guiche, Migieu (les autres sont effacés).

Pièce suivante dans l'escalier. Les murs de cette pièce étaient recouverts de tapisseries. La cheminée est d'un grand développement et d'une belle sculpture. Un cerf en relief, portant les armes réunies des Des Barres et des Berbisey, orne cette cheminée qui est peinte. Sur cette cheminée on aperçoit une vue de Dijon où se dessinent plusieurs clochers et plusieurs maisons crénelées; trois de ces maisons portent les armes des Fevret de Fontette. Il y a des paysages et des scènes champêtres. D'un côté de la cheminée, un personnage terrasse un lion ; de l'autre, une dame à coiffure noire, plate, à l'ombre du feuillage et des fleurs, tenant une fleur à la main ; à côté d'elle, un singe et un perroquet.

A cet étage toujours, se trouve encore une autre pièce qui renferme aussi des peintures et à sa suite un petit cabinet, dont les peinturess sont des motifs religieux, comme la Fuite en Egypte. C'est là que la messe se disait quelquefois durant la période révolutionnaire par le curé de Drée, caché tantôt dans le château, tantôt dans l'église, tantôt dans les bois.

Quelle époque faut-il assigner à cette galerie de peintures ? Nous sommes embarrassé, et de plus habiles que nous l'ont été pareillement. L'ensemble de cette composition paraît accuser le xviie siècle, à cause des armes de France et de Navarre, de Bourgogne, du prince de Condé et des Fevret. Nous serions tentés de croire que les Fevret, vers 1650 ou 1660, auront voulu faire de cette pièce comme un armorial historique de tous les anciens maîtres du château; ce ne serait pas le seul exemple d'un tel procédé. Cette mise en scène d'un roman galant est bien du goût de l'époque. Toutefois on remarquera la persistance de certains costumes du xvie siècle. Une autre hypothèse serait celle-ci : Jean de Plaisance et Antoinette de Fontette auraient fait exécuter une partie des peintures de la grande salle au milieu du xvie siècle, et les Fevret auraient complété et ajouté les parties caractéristiques du xviie siècle : le cordon armorial et les écussons de France et de Navarre, de Bourgogne et de Condé.

Au rez-de-chaussée, se trouvent l'ancienne cuisine, la salle à manger, le salon. Dans la maison Lequin-Marie, on remarque une cheminée revêtue de sculptures en bois; la plaque du foyer porte le chiffre 1671, et un écusson *parti : à trois bandes chargées d'un lion; à sénestre, aux 1 et 4, à deux bars; aux 2 et 3, à une croix; à sénestre*, aux angles, les lettres C D N.

Entre la porte occidentale et le grand escalier, terrasse avec balustrades en pierre; ensuite, escalier à deux rampes tournantes; dessous, un bassin avec niche. Plus bas, seconde terrasse à deux perrons tournants, plus développés que les premiers. Au bas de l'escalier, immense cour de service avec dépendances. A l'angle nord-ouest, pavillon; dans la cour, superbe colombier.

L'entrée des voitures se faisait par la porte encore existante, en haut du parc, et l'on contournait le château pour entrer dans la cour inférieure par le verger. Une petite grille servait de porte aux piétons en avant de la cour intérieure du château. De ce point partait une avenue qui aboutissait à la croix du moulin.

A l'est, de vastes terrasses en étage, au nord, des vergers, et au bas, une grande pièce d'eau, dans un pré appelé encore le canal. Mentionnons aussi une grotte pyramidale, en rocaille, au-dessus du parc, le long de la rue Haute.

Dans le mur d'une maison voisine du château et qui lui servit autrefois de moulin, un saint Georges terrassant le dragon, figure du xve siècle environ.

Un lieu dit *la Justice*, situé près de la voie romaine, au nord-ouest de Verrey, indique évidemment l'endroit où étaient établies les fourches patibulaires.

La chapelle du château, livrée aujourd'hui à un usage profane, se trouve située au nord-est, à quelque distance dans le parc (1). Elle mesurait 9^m 30 de longueur, 5^m 30 de largeur, hauteur sous voûte, 5^m 60. La porte ogivale à accolade est surmontée d'une niche qui renfermait la

---

(1) Cet usage d'isoler les chapelles était assez commun aux XVIe et XVIIe siècles.

statue de saint Antoine, transférée depuis à l'église neuve. Il existait à l'est une porte latérale à l'usage du public. Une flèche, couverte en ardoises, surmontait ce monument. De délicates colonnes cylindriques s'élevaient le long des murs intérieurement. Belle piscine à arc en accolade. Dans la façade est encastré un écusson portant les armes des Fevret et le chiffre 1670. C'est donc Bénigne Fevret qui mit ses armes à cette chapelle comme titre de propriété. Mais la chapelle elle-même est de 1547.

Nous possédons, en effet, le texte de la bénédiction de l'édifice. Il est inséré dans le procès-verbal le 10 octobre 1790, par Jean-Baptiste Vereuille, notaire royal à Villy-en-Auxois, et juge ordinaire de la justice de Verrey-sous-Drée, sur les instances de M. de Fontette de Sommery, chevalier d'honneur du Parlement de Bourgogne et de l'ordre royal et militaire de Saint-Louis, seigneur de Sommery et autres lieux, demeurant ordinairement à Dijon, et de messire Louis Fardel de Daix, président au Parlement de Bourgogne, seigneur de Verrey. Ce procès-verbal avait pour but de spécifier et de garantir les objets religieux, mausolée et tableau de fondation, renfermés dans la chapelle du château de Verrey, en prévision d'un avenir incertain et menaçant. Il est dit dans ce procès-verbal :

« Nous nous sommes transportés dans une chapelle qui se trouve dans l'enceinte dudit château dudit Verrey, à l'orient d'ycelui, à l'effet de dresser procès-verbal de l'existence d'un mausolée et d'un tableau en ladite chapelle ; lequel mausolée nous avons reconnu être de figure femelle, stature, costume, taille naturelle, à genoux, les deux mains jointes et de couleur naturelle, collée contre le mur, à droite en entrant dans ladite chapelle, présentant la face et les mains au sanctuaire, posée sur une pierre taillée en forme de piédestal, autour de laquelle pierre nous avons lu cette inscription en lettres gothiques : « La vraie semblance, grandeur, grosseur de demoiselle Antoinette de Fontette, fondatrice de cette chapelle. »

» Nous avons trouvé dans ladite chapelle, sur un tableau de bois encadré, l'inscription qui suit, aussi en lettres gothiques : « Le dimanche, troisième juillet mil cinq cent quarante-sept, Révérend Père en Dieu messire Philibert de Beaujeu, évêque de Bethléem (1), sujet sans moyens au Saint-Siège apostolique, docteur en sacrée théologie, conseiller du roi notre sire, aumônier ordinaire et maître des requêtes de la reine, abbé-seigneur de Notre-Dame de Bèze, au duché de Bourgogne, a dédié et sacré cette chapelle et autel à l'honneur de Notre-Seigneur et de la sacrée Vierge-mère, de l'autorité de messire le Révérendissime cardinal de Givry, évêque et duc de Langres, pair de France, évêque de Poitiers, abbé de Saint-Bénigne et de Saint-Etienne de Dijon ; ayant ledit seigneur mis le jour du sacre de ladite chapelle au jour de la Visitation de la Vierge, deuxième juillet, auquel jour se célébrera la grande messe et vêpres, la veille et jour ; à tous ceux qui viendront ouïr

---

(1) Bethléem était une église de Clamecy bâtie par Guillaume, comte d'Auxerre, afin d'offrir un asile à l'évêque de la véritable Bethléem, si les Sarrasins venaient à l'expulser de la Terre-Sainte. Le titulaire exerçait son ministère dans les environs.

la messe, ou qui diront ou feront dire la messe, pour chaque fois, gagneront cent jours d'indulgence. *Item*, à toutes les festes de la Vierge, de saint Jean-Baptiste et de saint Antoine, duquel ledit seigneur a donné un ossement, quarante jours, et, pour la dévotion à l'extirpation des hérésies, a donné à tous ceux qui visiteront ladite chapelle le vendredy, et qui feront dire ou diront la messe, disant *Pater noster* et *Ave Maria* cinq fois, quarante jours de pardon, et afin que tous bons chrétiens participent aux indulgences, veut et entend, de l'autorité que dessus, que tous ceux qui passeront par devant ladite chapelle, et remémoreront la Passion, disant *Pater noster* et *Ave Maria* pour l'intention de maître messire Jean de Plaisance, chevalier de Verrey, et dame Antoinette de Fontette, sa femme, fondateurs d'ycelle, gagneront quarante jours de pardon, *Requiescat in pace*, avec la légende : *Spes mea Deus.* »

Au bas de cette pièce étaient deux sceaux. Le premier porte : *écartelé, aux 1 et 4, à dix fasces d'or et de gueules ; aux 2 et 3, d'azur au sautoir d'or*, et autour, la devise : *Omnia marte ruunt*. Le second est l'arme réunie de Plaisance et de Fontette. Il porte : *parti, à dextre, d'or au chevron de gueules, à trois merlettes d'or, posées deux en chef et une en pointe*, qui est de Plaisance ; *à sénestre, d'or à six fasces d'or et d'azur en chef, aigle de gueules en pointe*, qui est de Fontette.

Le procès-verbal était signé : Fardel de Daix, Vereuille, Darbois, greffier (1).

---

(1) Arch. départ. liasse E, 808.

Dans cette chapelle se trouvait : le mausolée d'Antoinette de Fontette, l'*Ecce homo*, Notre-Dame de Pitié, le saint Jean-Baptiste et la petite cloche Saint-Jean, transportés au commencement de ce siècle dans la chapelle paroissiale.

CHAPITRE IV

SÉJOUR DE SAINT SEINE A VERREY-SOUS-DRÉE

Il serait difficile de mettre en doute le séjour de saint Seine à Verrey-sous-Drée. La tradition est constante à cet égard.

Les religieux de Saint-Seine, aussitôt après leur établissement et la mort du saint abbé, voulant reconnaître le séjour de leur père dans la solitude de Verrey, y construisirent une église sous le vocable de saint Seine et sous la juridiction et possession de l'abbaye fondée par ce saint, qui avait fait dans cet endroit son premier noviciat du monachisme (1).

Cette tradition se perpétua dans le monastère de Saint-Seine, et lorsque frère Parceval de Montarby, religieux de Saint-Seine, fit peindre à ses frais sur les murs de l'église abbatiale l'histoire du bienheureux patriarche, en 1504, il consacra un des vingt-deux tableaux de cette peinture à fresque à la représentation du jeune saint à Verrey-sous-Drée. On le voit tenant le livre des psaumes et semblant méditer sur un passage qu'il vient de lire. On

---

(1) Bibliot. de Dijon. Courtépée : *Notes pour la description, etc.*, tom. VIII.

aperçoit l'entrée de sa cabane formée de branches et de troncs d'arbres. Les bois sont sur le dernier plan. Il existe dans les bois, au sud-est de Verrey, une grotte qui paraît avoir été habitée, à cause du soin qu'on a pris de remplir les fissures du rocher et du mur qui en protège l'entrée. Nous n'oserions dire que c'est là la grotte sanctifiée par la présence de saint Seine.

Dans une Vie de saint Seine, insérée au *Monasticon Benedictinum*, on lit le passage suivant relatif aux premières années du saint abbé : « Pour obéir aux mouvements du Saint-Esprit, il partit secrètement de la maison de ses parents, et se retira en un village ou métairie nommé Vallery (1) où lui-même, de ses propres mains, se bastit un peu à l'écart des hommes, une cellule qui était vrayment très chétive et très vile en apparence, mais du reste très conforme au dessein qu'il avait d'y mener une vie hérémitique et parfaite. » Le même texte dit que saint Seine vécut trois ans dans sa solitude de Verrey (2).

Une notice ou série des abbés de Saint-Seine, insérée au tome II des *Documenta monastica*, renferme les mêmes détails.

Il y a à la Bibliothèque nationale, département des manuscrits, une « Vie de saint Seine, tirée des vieilles peintures de son église. » Cette pièce en vers reproduit la même croyance (3).

Le *Reomaus* raconte les jeûnes sévères et les rudes

---

(1) Vallery est la traduction de *Valeriacus*, c'est Verrey.
(2) Bibliot. nation. Départ. des manuscrits, Monast. Bénéd., tom. XXXIX.
(3) Bibliot. nation. Manuscrits, Monast. Bénéd., tom. XXXIX.

pénitences auxquels se livra notre jeune saint pendant presque trois ans (1).

M. Rossignol, à propos de l'abbaye de Saint-Seine, dit que le saint enfant se retira dans une vallée solitaire, à *Valeriacum*, aujourd'hui Verrey-sous-Drée (2).

Cette tradition est admise par l'auteur de la *Vie des Saints du diocèse de Dijon*, à la Vie de saint Seine (3).

Enfin le Bréviaire Romain, dans la Vie de saint Seine, au Propre du diocèse de Dijon, a enregistré cette tradition consacrée par la croyance populaire.

Saint Seine, né vers 514, ordonné par saint Grégoire de Langres diacre à quinze ans et prêtre à vingt-deux, mourut le 19 septembre 580.

---

(1) *Reomaus*, p. 32.
(2) *Mémoires de la Commission des Antiquités de la Côte-d'Or*, tom. II. De l'Abbaye de Saint-Seine, p. 215.
(3) *Vie des Saints du diocèse de Dijon*, par l'abbé Duplus.

CHAPITRE V

ANCIENNE CHAPELLE PAROISSIALE

Nous avons vu qu'il y eut une chapelle à Verrey-sous-Drée dès le vɪᵉ siècle au moins. Nous ignorons le lieu où était situé ce monument, d'autant plus que le village a pu changer d'emplacement lui-même. Nous aimons à croire que le premier sanctuaire chrétien érigé sous le patronage de saint Seine se trouvait non loin de l'endroit sanctifié par la présence du pieux abbé.

L'ancienne chapelle de Verrey, située au cimetière, n'offrait pas de caractère d'architecture. Elle paraissait être du xɪɪᵉ siècle ; elle offrait des tirants apparents et était éclairée par de petites fenêtres rondes. La voûte de la nef, en bois, avait été exécutée dans ce siècle seulement ; au chœur, voûtes en cul-de-four. En avant du maître-autel existait un caveau. La sacristie était formée d'une ancienne chapelle seigneuriale appelée chapelle des Trois-Rois, qui avait une ouverture vis-à-vis du maître-autel, comme cela se voyait fréquemment (1). En avant

---

(1) Pour le droit à cette chapelle, voir le chapitre intitulé : *Anciennes familles.*

de l'édifice était adaptée une petite tour ou clocher avec toit quadrangulaire en laves, moins large que le mur de l'église et ne protégeant pas les angles, ce qui détermina l'écartement des côtés, mal assis sur un terrain mouvant, et nécessita la reconstruction de la chapelle dans un autre emplacement.

CHAPITRE VI

CHAPELLE PAROISSIALE NOUVELLE

La nouvelle chapelle de Verrey-sous-Drée a été l'œuvre de la piété généreuse de la paroisse et de la charité de beaucoup. N'ayant pas de titre, elle ne reçut aucune subvention de l'Etat.

Les travaux exécutés jusqu'en 1888, laissant le clocher à la hauteur de l'église, ont nécessité une dépense de 26,000 fr. Cette somme, relativement considérable pour une population de 150 habitants, provient : 1° de deux souscriptions recueillies parmi les gens du village, qui ont produit le chiffre de 8,663 fr. (1); 2° d'une imposi-

---

(1) Nous croyons devoir enregistrer ici les noms des principaux souscripteurs avec le montant des sommes versées :

MM.	BOITEUX-TOITOT	2,000 fr.
	MARIE, Pierre	1,100
	LEQUIN, Vivant	450
	MOITON, Bernard	412
	BOITEUX-MOITON, François	400
	BOITEUX-BORDET	400
	BOITEUX-MARIE	320
	MOITON, Jean	300
	BOUHIN-BORDET.	270
	BOITEUX-MOITON, Maurice	250
	LEQUIN, Pierre	225
	DIDIER, Pierre.	248

tion extraordinaire, qui a réalisé 5,279 fr. 88; 3° des fonds de la fabrique, comprenant 2,445 fr. 80; 4° des dons partiels et répétés des fidèles, s'élevant à 2,245 francs 32; 5° de la vente des places de bancs, qui a fourni 1,180 fr.; 6° le restant des sommes réunies, c'est-à-dire 6,186 fr., a été donné par des personnes charitables de Dijon, de la Côte-d'Or, de Paris et d'ailleurs (1).

On le voit, ce petit monument est l'effet d'une grande bonne volonté et d'une grande foi. Que Dieu récompense chacun dans la mesure de ses efforts (2) !

Veuve	LAMARCHE, Jean	205 fr.
MM.	BRÉMOND-MOITON	200
	LOLLIER, Pierre	160
	TOITOT, Maurice	130
	VOISINE, Jean	130
	VOISINE, François	130
Veuve	MOITON, Barthélemy	125
MM.	BRÉMOND, Pierre	100
	BOUCHEROT, Jean	100
Veuve	LAMARCHE-LÉVÊQUE	100
MM.	BOUCHEROT, Maurice	100
	BOUHIN, Laurent	100
	BOITEUX, Joseph	100
	BRÉMOND-LÉVÊQUE	80
	LAMARCHE, Charles	70
Veuve	LEQUIN, Marie	70
	LÉVÊQUE, Jeanne	60
MM.	LAPOSTOLET, Nicolas	20
	BOUCHEROT, François	18

(1) Nous citerons parmi les souscripteurs les plus généreux, ecclésiastiques et laïques, Mgr Rivet, évêque de Dijon; M. Martineaux, prêtre de Saint-Sulpice; M. l'abbé de Bretenières; M. le chanoine Bernard; Mme la comtesse de la Tour du Pin, au château de Grosbois-en-M.; M. le vicomte Raoul de Saint-Seine; Mlle Chouet; les Dames ursulines de Montbard; M. le baron de Bretenières; M. Piet; M. Aynard de Courtivron, au château de Bussy-la-Pesle; M. Jules de Courtivron; M. le maréchal de Mac-Mahon, etc., etc.

(2) Un mémoire détaillé des recettes et dépenses relatives à la construction de la chapelle de Verrey est déposé aux archives paroissiales de Drée.

La première pierre fut posée et bénite le 20 juillet 1879. Le procès-verbal de cette cérémonie fut inséré dans la pierre, suivant les formalités d'usage.

Le 24 août 1881, M. l'abbé Joly, vicaire général, délégué par Mgr Rivet, évêque de Dijon, bénit solennellement la chapelle, en présence d'un grand concours de prêtres et de fidèles. M. le curé de Drée adressa, sur le perron de l'église, les paroles suivantes à M le Vicaire général :

« Monsieur le Vicaire général. Grâces soient rendues à Dieu ! Les ouailles et le pasteur de Verrey-sous-Drée se sont réjouis à cette parole qui leur a été annoncée : Nous allons entrer dans la maison du Seigneur. Depuis plusieurs années, nous étions en souffrance parce que Dieu n'avait pas un temple digne de sa majesté infinie. Un mot de désir, l'expression d'un vœu légitime a suffi pour susciter un dévouement qu'il faut proclamer bien haut, parce qu'il est une preuve de grande foi, de dispositions religieuses accentuées.

» Je dois ici me confondre en actions de grâces. Merci, mon Dieu, d'avoir béni cette entreprise dans sa naissance et son développement ! Aidez-nous à atteindre l'heureux achèvement de cette œuvre, consacrée à votre gloire. Merci à Monseigneur l'Evêque qui a béni, lui aussi, nos efforts et notre bonne volonté, et qui nous a encouragés deux fois par ses généreuses offrandes. Merci, Monsieur le Vicaire général, d'avoir honoré notre humble vallon de votre visite bienveillante. Vous porterez à notre vénéré pontife l'expression de l'attachement et de l'affection de ses fidèles de Drée et de Verrey. Merci,

Messieurs du conseil municipal, du concours gracieux et empressé que vous avez apporté à l'exécution de notre commune entreprise et des efforts que vous avez faits pour assurer l'issue d'une œuvre onéreuse, puisque nous étions réduits à nos ressources personnelles. Que tous reçoivent ici nos félicitations les plus sincères !

» Que les fidèles des paroisses voisines soient les bienvenus. Nous allons tous entrer dans la maison de notre Père qui règne dans les cieux, et qui pourtant veut bien résider ici-bas au milieu de nous.

» Merci à tous les souscripteurs de la Côte-d'Or et de la France entière ! Merci aux confrères vénérés qui nous entourent !

» Nous aimerons cette église, parce qu'elle fut l'enfant de notre douleur. Aujourd'hui, elle est parée, et semble sourire pour recevoir son baptême sacré. »

Le journal *le Catholique,* de Dijon, rendant compte de cette cérémonie, s'exprime ainsi : « Le mercredi 24 août, le petit village de Verrey-sous-Drée était en fête, comme aux grandes solennités de l'année. De tous côtés arrivent des pèlerins des paroisses voisines. Il s'agit, en effet, d'une fête bien intéressante, la bénédiction d'une église. M. l'abbé Joly, vicaire général, était chargé de représenter et de remplacer Monseigneur, qui était attendu, mais n'a pu venir, à notre grand regret. La petite église de Verrey, exécutée d'après le devis de M. Grosley, architecte à Semur, est de style gothique, forme croix latine. Des arbustes gracieusement disposés dans le sanctuaire, des guirlandes tombant des clés de voûte en festons, une couronne de dix prêtres autour du maître-autel, le conseil municipal échelonné en avant du chœur, une nombreuse et édifiante assistance, tel était l'aspect extérieur de la cérémonie.

» Après les formalités d'usage, M. le Vicaire général bénit l'église, offrit le saint sacrifice et nous prodigua les bienfaits de la parole sainte. Notre-Seigneur avait enfin un temple convenable et les fidèles étaient heureux. Honneur aux habitants de Verrey, et qu'ils trouvent beaucoup d'imitateurs ! Quand on aime et qu'on veut chrétiennement, rien n'est impossible. « Aide-toi, et le ciel t'aidera. »

Décrivons maintenant les principaux caractères de l'architecture et de l'ornementation de la chapelle de Verrey. Le style en est gothique ; elle forme croix latine. L'église a 20^m 50 de longueur dans œuvre, 6^m 50 de largeur dans la nef, hauteur sous voûte, 7^m. Elle est orientée. Les quatre travées sont séparées par des colonnes carrées, en pierre de taille, se développant en arc ogival, supportant la voûte d'arêtes, formée de deux rangs de briques.

Le maître-autel, en pierre blanche, est dû au ciseau de M. Creusot, sculpteur à Dijon ; il est du style gothique, ainsi que l'exposition qui le domine. Toutefois le bas-relief qui supporte l'autel est du commencement du XVIe siècle ; il se trouvait dans l'ancienne église ; il représente l'adoration des Mages. Lors de la construction de la chapelle actuelle, on crut devoir encastrer ce morceau dans le maître-autel.

Bien peu d'églises de campagne pourraient se glorifier de posséder un aussi grand nombre de statues, la plupart très belles, que l'église de Verrey-sous-Drée. C'est un gage de la piété et de la munificence des anciens seigneurs et des habitants. Les principaux objets sont : un *Ecce homo*, en pierre peinte, du XVIe siècle, hauteur 3m 45, socle compris ; une Notre-Dame de Pitié, pierre peinte, beau groupe du XVIe siècle ; un saint Jean-Baptiste, pierre peinte, hauteur 1m 60, au socle écusson, statue du XVIe siècle ; un saint Antoine du XVIe siècle, en pierre, hauteur 1m 20, très remarqué (1) ; un Christ en pierre dure, fixé au mur ; dans la chapelle de la Vierge, statue antique, de 1500 environ, de la Vierge-mère, en pierre dorée ; on trouve aussi un saint Jean l'Evangéliste, avec écusson, paraissant être des Fevret, un saint Maurice du XVIIe siècle, un saint Jacques de 1600 environ, un saint Eloi, un saint Roch, une figure de Jésus en oraison ; toutes ces statues sont en pierre. Pour rappeler et perpétuer le souvenir de saint Seine, qui fut patron de l'église de Verrey pendant plusieurs siècles, une statue du saint abbé fut érigée en 1888.

Au bas de l'église, mausolée d'Antoinette de Fontette, épouse de Jean de Plaisance, seigneur de Verrey-sous-Drée, fondatrice de la chapelle du château en 1547. Personnage à genoux sur un coussin à glands d'or, tunique blanche, robe du dessus noire, brodée d'or sur les coutures, ceinture et chaîne d'or, petite fraise autour du cou, coiffure de toile et galons d'or, velours noir et voile noir. Elle présente son cœur et ses mains jointes, dont la

---

(1) Cette statue se trouvait dans la niche qui surmonte la porte de la chapelle du château ; elle fut cédée gracieusement à l'église par le propriétaire de cet édifice.

gauche porte trois anneaux d'or. Statue en pierre peinte, offrant un caractère personnel qui en fait un véritable portrait, et très curieuse par la conservation parfaite de la sculpture et de la peinture, et en même temps un modèle précieux du costume français vers le milieu du XVIe siècle. La figure pose sur une tablette portée par deux consoles, entre lesquelles se voit un écusson portant les armes de Fontette.

Les sujets religieux ornant les fenêtres sont : le Sacré-Cœur, dans la rosace du sanctuaire, saint Joseph, patron de l'Eglise universelle, saint Bénigne, patron du diocèse, sainte Anne et sainte Jeanne de Chantal. A l'intersection des arêtes des voûtes dans chaque travée sont adaptés quatre écussons en pierre blanche portant les noms des quatre évangélistes. La chapelle de la Vierge a pour clé de voûte un écusson, champ d'azur, à l'étoile et au chiffre de Marie, d'or; la chapelle Saint-Maurice a un écusson portant une palme et le chiffre de saint Maurice, d'or. Quatre des six chandeliers du maître-autel portent un écusson aux armes des Fevret. Le bâton de saint Maurice, qu'on porte en procession le jour de la fête du saint patron, contient, d'un côté, les armes des Fevret, de l'autre, celles des Bretagne ; il est évidemment un don de Bénigne Fevret, seigneur de Verrey, et de Jeanne Bretagne, son épouse (1656-1694). Il y a aussi dans la paroisse un bâton de saint Roch. Des deux croix processionnelles, l'une présente un cachet d'antiquité ; elle est de moindre dimension que celle de Drée, mais de la même époque et du même type : nimbe du Christ identique, caractères fleuris à l'inscription ; elle doit dater, en conséquence, du commencement du xvi[e] siècle. L'autre croix est du style Louis XVI.

La tour de l'église renferme deux cloches. La plus grosse a 0^m 63 de diamètre et doit peser 150 kilog. et donner le *mi* $\frac{1}{4}$; l'inscription porte : *Ces dictes cloches ont été faictes par les habitants de Verrey, l'an mil* v[c]xxv (*1525*). — La petite cloche n'a que 0^m 29 de diamètre, doit peser 15 kilog. et donner le *mi ;* elle porte cette inscription en caractères gothiques : *Sit nomen Domini benedictum, 1555.* Le Christ au prétoire y est représenté avec des instruments de sa passion. La tradition l'appelle cloche Saint-Jean ; la chapelle du château s'appelait elle-même chapelle Saint-Jean. Cette cloche s'y trouvait ; ce nom et cette date rappellent le souvenir de Jean de Plaisance et d'Antoinette de Fontette. On sonnait cette cloche au moment des orages.

Le patron du village est saint Maurice.

La chapelle de Verrey possède une fondation. Par son testament du 17 septembre 1843, demoiselle Marguerite Luton, de Verrey-sous-Drée, léguait une somme de trois cents francs à l'église de Verrey-sous-Drée, pour le produit de cette somme être employé à la célébration d'un service religieux à perpétuité pour le repos de son âme. Un décret impérial, en date du 16 décembre 1854, autorisa le conseil de fabrique de l'église succursale de Drée, de la circonscription de laquelle est la chapelle de Verrey, à accepter le legs. Cette somme, placée en rente sur l'Etat, produit annuellement seize francs. Le service doit être célébré chaque année le 22 décembre, date du décès de la testatrice, ou le premier jour libre suivant. Les pièces afférentes à cette question sont déposées aux archives de la paroisse de Drée et au registre de la fabrique.

Mentionnons aussi l'existence à Verrey de la confrérie du très Saint-Sacrement et de l'institution du Mois de Marie, dévotions établies dans le même temps et dans les mêmes conditions qu'à Drée.

CHAPITRE VII

CROIX SITUÉES SUR LA PAROISSE

Il y a, sur le territoire de Verrey-sous-Drée, un certain nombre de croix, dont quelques-unes offrent un véritable intérêt. Nous allons les mentionner.

Dans tous les pays chrétiens, depuis des siècles nombreux, la piété des fidèles a érigé l'arbre du salut le long des chemins et sur les hauteurs. La croix, qui domine ainsi tous les points de l'espace, nous rappelle le spectacle de la Rédemption, et le grand amour de Dieu pour nous ; elle signifie aussi que nous sommes des voyageurs ici-bas, et que notre patrie, c'est le ciel ; elle fortifie le pèlerin accablé de fatigue en lui montrant Jésus dans la suprême douleur ; enfin, c'était autrefois un lieu d'asile pour les malheureux fuyant la justice et la mort ; ils étreignaient la croix qui devenait pour eux un abri inviolable.

I. — *Croix du moulin.* — Cette croix est du XVe siècle, encore gothique. Sur la face, Christ à quatre clous ; au revers, la Vierge-mère ; croisillons octogones coupés carrément avec crochets. Le fût est moderne ; cette croix fut restaurée en 1843 par les soins de Pierre Marie et de Pierrette Toitot, son épouse. A cette croix aboutissait l'avenue principale du château, qui traversait les terrains situés près de la chapelle paroissiale actuelle.

II. — *Croix devant le château.* — Cette croix est du XVIe siècle. Le Christ sur la face ; au revers, un *Ecce homo*, de grandes proportions ; au bas de la face, un écusson à enroulement, portant le chiffre de Jésus.

III. — *Croix du cimetière.* — Cette croix est du XVIe siècle. Le fût est rond ; sur le côté gauche du fût, un personnage agenouillé, les mains jointes, portant une robe longue et probablement un surplis. En face, le Christ ; au revers, la Vierge-mère couronnée par un ange. Sur le chapiteau du fût, en face, un calice ; au revers, un écusson portant un entrelacs qui semble être une étole ; à droite, une espèce d'aspersoir ; deux étoiles et les lettres C R, au bas, la lettre P, qui doit signifier prêtre. Cette croix était placée primitivement à l'entrée du cimetière, à droite. Lors de la démolition de l'église, on la transporta au milieu du cimetière. La famille Roy ou Le Roy a fourni plusieurs prêtres, dont un affranchi en 1452 (1).

IV. — *Croix de la rue Haute.* — Cette croix, placée en face la rue centrale qui relie la rue basse du village à la rue haute, sans grande architecture, porte le millésime 1827 et l'inscription suivante : *A la dévotion de Jean Lamarche et de Didière Boiteux, son épouse, et de Jean et François Lamarche.* Elle fut érigée à la place d'une ancienne croix tombée en ruine.

---

(1) Voir à l'article de *Jean de Fontette, seigneur de Verrey.*

V. — *Croix du chemin de Saint-Hélier*. — Cette croix, en métal, sur base de pierre, fut érigée en 1847, par les soins de Pierre Lequin, en souvenir d'une ancienne croix disparue.

VI. — *Croix des Roches du Dieu de Pitié*. — Cette croix, haute de plus de sept mètres, dont le croisillon a trois mètres, est en chêne. L'arbre fut donné généreusement par M. Aynard de Courtivron, propriétaire au château de Bussy-la-Pesle. Cette croix fut bénite le 27 février 1881. Elle est destinée à perpétuer et à justifier le nom de Roches du Dieu de Pitié, ainsi appelées à cause d'une statue en pierre, placée à l'extrémité nord de cette ligne de rochers, détruite par l'injure du temps, et dont on voyait encore des ruines au commencement de ce siècle.

VII. — *Croix devant l'église*. Cette croix, en pierre, à laquelle est adapté un Christ en métal, porte l'inscription suivante : *A la dévotion de Maurice Brivot et de Marguerite Toitot, son épouse*. Elle fut bénite le 22 octobre 1882.

Mentionnons aussi pour mémoire une croix en bois appelée la Croix-Rouge, placée à l'est de Verrey, le long du chemin de la Croix-Rouge, qui conduit à la montagne. Cette croix a disparu sous l'effort du temps; on en voyait encore les débris au commencement de ce siècle.

CHAPITRE VIII

ANCIENNES FAMILLES DE VERREY-SOUS-DRÉE
FAMILLE LE ROY

Le registre de Verrey-sous-Drée ne remonte qu'à l'an 1700. Les plus anciennes familles signalées sont : les Costet, Toitot, Moret, Moiton, Lollier, Bouhin, Lamarche, Marie, Jolivet, Lévêque, Paillet, Boiteux, qui sont encore représentées, et les familles Sorlin, Bigolet, Chambrette, Soupey, Grapin, Massenet, Falconnet, Lautrey, Le Roy, Colas, Cunier, disparues de la commune.

Familles modernes : les Boucherot, Lequin, Brémond, Voisine, Didier.

Une des plus anciennes et des plus respectables familles de Drée fut la famille Le Roy. Nous la voyons figurer à l'article des seigneurs de Verrey, en 1375 et 1436, à propos de différents baux de moulin et de foulon. Un curé de ce nom est affranchi en 1452 (1). En 1648, M° Chrétien Le Roy, marchand à Verrey-sous-Drée, assigne plusieurs fonds spécifiés au chapitre : *Fondations anciennes*, de l'*Histoire de Drée*, fondation qui

---

(1) Voir à l'article de *Jean de Fontette* (1435-1477), au chapitre des seigneurs de Verrey.

fut faite moyennant quatre messes par an et d'autres prières indiquées audit chapitre. Cette fondation donne droit à la famille Le Roy d'occuper la chapelle des Trois-Rois, érigée dans l'ancienne église de Verrey. En effet, nous possédons une pièce de 1712, relatant une vente faite par M⁶ Claude Le Roy, prêtre, curé du Val-Saint-Julien, à M⁶ Pierre Boyer, conseiller du roi, trésorier des troupes du duché de Bourgogne, demeurant à Dijon, d'un domaine situé à Verrey-sous-Drée, biens provenant de sa famille et d'acquisitions de M⁶ Jean Périgot, huissier au Parlement, et demoiselle Marie Le Roy, sa femme, de Jeanne Bigolet, veuve de M⁶ René Simonin, sergent royal à Dijon, de Jean Bigolet, sergent royal à Sombernon, de Bernard Bigolet, sergent au régiment de Champagne, de Bernard Toitot et Valérien Toitot, et de Catherine Le Roy, sa sœur, veuve de Louis Deloreux, M⁶ Chirurgien, à Saint-Julien. Cette vente fut faite moyennant six mille livres ; une clause spéciale portait que le sieur Boyer « jouira du droit tel que le sieur Le Roy peut avoir dans la chapelle des Trois-Roys érigée en l'église dudit Verrey, suivant qu'il est dit par l'acte d'assemblée des habitants de Verrey et du sieur curé, par lequel ils déclarent que le sieur Le Roy seul et Catherine Le Roy ont droit à ladite chapelle pour les raisons y contenues. »

CHAPITRE IX

MAIRES DE LA COMMUNE DE VERREY DEPUIS 1793

Nous établirons dans ce chapitre la liste des magistrats qui ont administré la commune de Verrey-sous-Drée depuis la Révolution.

On voit figurer :

Claude TOITOT, de 1793 à 1795.
Jean-Baptiste BRIVOT (1795).
Jean MORET (1795-1797).
Pierre LEQUIN et Nicolas LAMARCHE (1795-1797).
Jean MORET (1800-1813).
Pierre LEQUIN (1813-1821).
Pierre LEQUIN fils (1821-1830).
Jacques MOITON (1830-1840).
Pierre MARIE (1840-1842).
François LEQUIN (1843-1869).
Pierre MARIE (1870-1873).
Pierre MARIE fils (1873).

TROISIÈME PARTIE

HISTOIRE GÉNÉALOGIQUE

DE LA

MAISON DE DRÉE

Régulièrement notre travail devrait se terminer ici et notre tâche semble finie. Pourtant nous avons cru devoir consacrer quelques chapitres aux établissements divers fondés par la famille de Drée en dehors de son berceau. Notre but est de condenser, de compléter et de corriger la notice de Chérin, généalogiste du roi (1778), intitulée : *Généalogie de la maison de Drée*, ouvrage dont il reste peu d'exemplaires. Nous continuerons cette étude jusqu'à notre époque, et nous verrons les rejetons actuels de cette antique famille de la Bourgogne.

Cette troisième partie comprendra cinq chapitres :
1° branche de Drée à Savigny-le-Vieux (Autunois);

2° branche de Drée à Varennes-le-Grand (Chalonnais);
3° branche de Drée à Gissey-le-Vieil (Auxois); 4° branche de Drée à la Serrée (Mâconnais): 5° branche de Drée, en Provence.

CHAPITRE PREMIER

BRANCHE DE DRÉE A SAVIGNY-LE-VIEUX (AUTUNOIS)

Cette branche commence avec Hugues, frère de Jean de Drées.

I. — Hugues de Drées.
1358-1372

Hugues de Drées, écuyer, est présent au partage du dimanche avant la Saint-Luc, huitième jour du mois d'octobre 1358, fait entre Robert et Guillaume de Drées, fils de Jean de Drées et de Guillemette de Muxy, des biens d'iceux, leurs père et mère (1).

Hugues de Drées avait dans sa mouvance la terre de *Chevangnay*, à une lieue de Drées; ainsi mentionné dans un accord du 28 juillet 1368 (2).

Feu Hugues de Drées, seigneur de Savigny-le-Vide (3),

---

(1) Chérin.
(2) Peincedé.
(3) On trouve Savigny-le-Vide et le Vieux.

paroisse de Curgy, est nommé par Guillaume, son fils, dans un aveu et dénombrement fourni par celui-ci à Monseigneur le Duc de Bourgogne, le mardi après le dimanche des feux (1372).

Hugues de Drées eut pour fils Guillaume.

II. — Guillaume de Drées.

1372

Noble homme Guillaume, jadis fils de Hugues de Drées, damoiseau, seigneur de Savigny-le-Vide, fournit à Mgr le Duc de Bourgogne aveu et dénombrement sous le sceau de la cour de l'official d'Autun, le dimanche jour des feux 1372, de sa maison-fort dudit Savigny, avec ses fossés, et reconnaissant de plus tenir en arrière-fief dudit seigneur duc les meix et tenements de Jehan de Sivry, près Arnay-le-Duc, de Guyot de Nanteux, etc. (1).

Guillaume de Drées épousa Isabelle de Saigny, fille de messire Jehan de Recey, fils de Guillaume de Recey. A ce titre, il possédait un fief à Recey, mouvant du sire Eudes de Grancey, ainsi que le déclare ce dernier dans l'aveu et dénombrement fourni sous sceau, le 22 février 1387, à Monsieur Philippe, fils du roi de France, duc de Bourgogne (2).

Il mourut avant 1398, laissant pour fils Jean, mineur en 1399, dont la postérité est inconnue, et Guyotte.

---

(1) Peincedé.
(2) *Ibid*.

En 1399, dénombrement donné à Guillaume de Mello, par damoiselle Isabeau de Seigny, veuve de Guillaume de Drées, dame de Recey en partie, tant à cause de son douaire que comme tutrice de Guyotte et Jean de Drées, leurs enfants, pour héritage qu'ils ont à Epoisses et à Corombles (1).

---

(1) Archives du château d'Epoisses.

CHAPITRE II

BRANCHE DE DRÉE A VARENNES-LE-GRAND
(CHALONNAIS)

Cette série commence avec Guillaume, frère cadet de Robert de Drées.

I. — Guillaume de Drées.
1340-1412

Guillaume de Drées, écuyer, servait dans les armées du roi Charles VI, en 1386, à la tête d'une compagnie de seize écuyers, et donna, le 10 octobre de cette année, quittance de ses gages qu'il scella de son sceau rouge, chargé de trois merlettes et d'une fasce en chef au lambel de trois pendants (1).

Le 11 octobre 1386, il assiste avec ses seize écuyers à la montre de Neuvireuil, près Douai.

Il épousa Philiberte, fille de Huguenin de Varennes et de Hugues de Saffres.

Chérin rapporte les termes d'un partage qui eut lieu le mardi après le dimanche *Lætare, Jerusalem* 1393,

---

(1) Chérin. — Guillaume porte l'écu de Drée diminué, comme cadet de Robert.

entre Philiberte et son frère Josserand de Varennes, pour les biens de leur mère défunte, par-devant Robert, curé de Thorey, coadjuteur de Me André Paste, tabellion de Vitteaux. Josserand eut pour sa part Gissey-le-Vieil, Thorey, et Aisy-en-Chalonnais ; Philiberte eut les propriétés que sa mère possédait à Beligny, Montaychon (1), Grandvaut et Blancey. Leur père avait passé sa vie au service du roi « es guerres du royaume, avait été envoyé en Ecosse, où il serait décédé. Pour se monter, armer et vestir, il avait contracté des dettes très considérables envers des juifs et des Lombards ; à cause de cela, ses biens avaient été saisis et arrêtés, et se trouvent encore sous la main du prince, comme biens vacquants. Ils (les enfants) ont été longtemps mineurs depuis la mort de leur père, et, parvenus à leur majorité, ils n'ont osé se porter pour héritiers de leur dit feu père, etc. »

Le mardi après la fête de la Pentecôte 1394, Philiberte de Varennes accepta par procuration la succession de son père, sous bénéfice d'inventaire.

« Guillaume de Drées, écuier, seigneur de Blancey en partie, qualité de mari de Philiberte de Varennes, damoiselle, dame en partie de Veloigny et de Montaichon, connaissant les suffisance, capacité et bon gouvernement de ladite dame Philiberte, sa femme, la met hors de sa puissance et l'autorise à gérer et gouverner seule ses biens et affaires, et ce, par acte passé le mercredi après les

---

(1) Montachon et Grandvaut, hameau de Saint-Didier-en-Morvand. Montachon avait un puissant château, aujourd'hui en ruines. — Voir *Le Morvand*, par l'abbé Baudiau, à l'article de *Saint-Didier*.

bordes 1397, devant messire Adam Le Villart, curé de Saffres, coadjuteur de M° André Paste, tabellion de Vitteaux (1). »

Philiberte de Varennes profita de cette permission pour constituer, au bénéfice de « religieux homme dom Renaud de Saint-Nizier, pitancier et aumônier du couvent de Saint-Pierre de Chalon et de ses successeurs, la rente annuelle et perpétuelle de quarante sols (2) le dernier octobre 1407. »

Guillaume de Drées est aussi qualifié de sire de Voisenie.

Il mourut en 1412, laissant pour enfants Pierre et Chrétienne de Drées.

II. — Pierre de Drées.
1418-1465

Pierre de Drées est dénommé le vingt-sixième écuyer parmi les cent quarante de la compagnie de messire Jehan, seigneur de Toulongeon et de Sennecey, chevalier banneret, qui firent montre à Nogent-sur-Seine, le 29 octobre 1418, devant Jehan, seigneur de Cottebrune, chevalier, conseiller et chambellan de Mgr le Duc et maréchal de Bourgogne. Il figure à la montre de Troyes, le 28 octobre 1421 (3).

Pierre de Drées, écuyer, possède par indivis avec

---

(1) Chérin.
(2) Le sol avait, à cette époque, une valeur relativement considérable.
(3) Peincedé, tom. XX, f° 333.

messire Guillaume de Colombier, chevalier, les terres de Lux et la moitié de Derroux, villes champêtres qui se trouvent comprises au rôle de la cherche des feux du bailliage de Chalon, faite au mois d'avril 1423, à cause de l'aide de 20,000 fr. accordée à mondit seigneur par les gens des trois Etats de son duché (1).

Pierre de Drées, écuyer, seigneur de Gissey-le-Vieil, épouse, par contrat passé sous le sceau de Mgr le Duc de Bourgogne, le 25 octobre 1424, devant messire Henri Rougeot, prêtre, coadjuteur de *Noulay*, et de Jehan Perrin, notaire public, damoiselle Jehannette de Salins, fille autorisée de Jehan de Salins, chevalier, seigneur de Rans et de Corabeuf (2), et de Jeanne Domery, ses père et mère, qui lui constituèrent en dot la somme de mille écus d'or et l'hypothèquement sur leurs terres et seigneuries de Panthier et de Savigny-sous-Beaune ; pour sûreté de cette même somme, ledit Pierre de Drées assigne et hypothèque sa terre de Montachon es présences de messire Jehan de Pealdoie, chevalier, seigneur de Corbeton, Regnaut d'Orge, écuyer, et Jean de Drées, écuyer (3).

Noble homme Pierre de Drées, damoiseau, et messire Guillaume, seigneur de Colombier, chevalier, consort et complaignant, ayant obtenu, le 2 mars 1427, des lettres émanées de Philibert, seigneur de Saint-Léger, chevalier, conseiller et chambellan du roi, bailli de Saint-Gengoux,

---

(1) Chérin.
(2) Corabœuf, paroisse d'Ivry (Côte-d'Or).
(3) Chérin.

et sénéchal de Lyon, sur ce qu'ils auraient exposé que, quoiqu'ils fussent seigneurs en toute justice, haute, moyenne et basse, des paroisses de Varennes, Saint-Loup de Varennes et de Lux, cependant nouvellement et depuis un an Jean de Vaulx, se disant châtelain de feu noble et puissant messire de Toulongeon, assisté de Jean Millot, clerc de la cour dudit châtelain, aurait tenu les jours sur le territoire désigné dans l'étendue de leurs dites justices, etc.; sur quoi permission d'informer et mandement pour assigner étant intervenus, lesdits co-seigneurs auraient notifié lesdites lettres et fait assigner noble dame madame Catherine de Rossillon, relicte dudit seigneur de Toulongeon, qualité de Bailliste, ensemble ledit châtelain et son clerc, le lundi après Quasimodo 1428 (1).

Pierre de Drées et messire Jacques de Lugny ont des hommes serfs à Gissey-le-Vieil, dans la prévôté d'Arnay-le-Duc; ainsi porté dans le procès-verbal de la cherche des feux au bailliage d'Auxois, faite au mois de juin 1442 (2).

Pierre de Drées, écuyer, seigneur de Gissey-le-Vieil et de Varennes-les-Grandes en partie, fournit aveu et dénombrement à Mgr le Duc de Bourgogne, le 14 novembre 1448, et reconnaît tenir de lui la moitié de la terre et seigneurie du dit Varennes. Il ajoute que rière ses dites justices, il est tenu de rendre à mondit seigneur le bacon, c'est-à-dire, l'homme qui sera par nous ou nos

---

(1) Chérin.
(2) Peincedé.

juges jugié à mort sera, pour l'exécution, remis à la justice de mondit seigneur, à Chalon (1).

Noble homme Pierre de Drées, escuyer, seigneur de Varennes en partie, expose devant M. le Bailli de Chalon, que, quoiqu'il soit en possession paisible de tous les temps d'une chapelle fondée dans l'église paroissiale de Varennes, ou tant par lui que par ses prédécesseurs, « il ait droit de la dépaindre ou faire dépaindre de ymages et autres painctures telles que bon lui semble, au vu et au sçu de tout le monde et mêmement de Philibert Charles et de Jacquot de Montaigu, échevins dudit Varennes, néanmoins ces derniers, se disant échevins, de leur autorité privée et de fait, ont rompu et fait rompre, à l'endroit des ymages de la chapelle et de la pourtraiture de feue damoiselle Philiberte de Varennes, le mur de ladite chapelle, et y ont, depuis dix mois en çà et sont quinze jours passés, fait mettre une pièce de bois au détriment et diminution de parement de ladite chapelle. » Sur quoi intervint mandement dudit sieur bailli, le 3 avril 1456.

Chrétienne de Drées, noble damoiselle, est requise de prêter, avec la noblesse d'Auxois, secours au duc, pour la guerre contre les Turcs (1445). Elle est rappelée dans une transaction du 20 février 1462, où elle est dite tante d'Amiotte de Drées, sœur de Guillaume et Antoine de Drées, écuyers, frères. Il y est dit que Chrétienne possédait une terre et seigneurie située au territoire d'Epoisses. Elle est comprise dans l'assignation du mois de juillet 1464,

---

(1) Chérin.

où elle est dite héritière de ses père et mère avec Guillaume et Antoine de Drées, fils de Pierre de Drées. En 1473, elle est dame de *Mugnois*, paroisse de Darcey.

Pierre de Drées eut pour enfants : Guillaume, Antoine, Renaud, Louise, Amiotte et Claude de Drées.

III. — Guillaume de Drées.
1457-1471

Guillaume de Drées, écuyer, seigneur de Gissey-le-Vieil en partie, fournit à Mgr le Duc de Bourgogne aveu et dénombrement par lequel il reconnaît tenir en fief la moitié du châtel dudit Gissey, l'autre moitié appartenant à demoiselle Jeanne de Lugny, femme de Philibert Pioche, écuyer, plus, les héritages, rentes et revenus que soulait (avait coutume de) tenir feu Huguenin de Gissey, écuyer (1).

Guillaume et Antoine de Drée ratifient le contrat de mariage de leur sœur Amiotte avec Claude de Salornay, fils de noble homme Claude de Salornay, écuyer, seigneur de Serrière, passé le 20 février 1462 à Gissey-le-Vieil ; ils s'obligent à faire la dot de leur sœur. Ils constituent aussi une dot de 900 livres à leur autre sœur Claude, mariée à Louis de Marmont, fils de Claude de Marmont, seigneur du Tillay, en Savoie.

Guillaume de Drées, écuyer, seigneur de Gissey-le-

---

(1) Peincedé.

Vieil et de Varennes-les-Grandes en partie, tant en son nom qu'en ceux de Jeanne de Saint-Julien-Baleure, sa femme, d'Antoine, son frère, et d'Eliénor de Gevray, sa femme, obtient lettres d'anticipation données à Paris, le 9 mars 1468, contre Guyard de Neufville, chevalier, seigneur de Saint-Germain et Marguerite de Trézetle, sa femme, dans une instance pour fait de trouble au sujet de 22 livres tournois de rente prétendues par ledit Guillaume sur le village de Colombier (1).

Il est qualifié homme d'armes du bailliage d'Auxois, en 1470. Il est institué héritier universel par le testament d'Antoine, son frère, du 13 octobre 1470, « afin mesmement d'entretenir le meix et maison noble dont ils sont tous extraits. »

Feu Guillaume de Drées est mentionné dans l'acte de tutelle de Guyard et de Jean de Drées, frères, ses enfants, ainsi que du posthume, dont au sûr est enceinte damoiselle Jeanne de Saint-Julien, sa veuve, leur mère, 5 juin 1471.

Jeanne de Saint-Julien (2) avait eu pour premier mari noble homme Mathey de Geniévrais, écuyer, seigneur de la Motte de Bresse en Chalonnais. Elle fournit aveu et dénombrement le 29 décembre 1473. Il porte : « Au lieu de Colombier, la somme de 22 livres tournoi de rente du fief de Mgr le Duc de Bourgogne ; reconnaît encore la dite damoiselle, comme tutrice et ayant le gou-

---

(1) Chérin.
(2) Jeanne de Saint-Julien était sœur de Gabriel et de Jean de Saint-Julien, fille du sieur de Baleure et sœur de l'aïeul paternel de l'auteur Pierre de Saint-Julien de Baleure.

vernement de nobles Guyard, Jehan et Jehanne et Marguerite, ses enfants, moindres d'ans, frères et sœurs qu'elle a eus du corps de feu noble homme Guillaume de Drées, son second mari, confesse tenir de la maison de Varennes ensemble les gerdins et demoines d'iceux, ensemble les rentes et appartenances d'icelle maison entre Graout et Guérouse, en toute justice, excepté l'exécution du bacon (1). »

Antoine de Drées, frère de Guillaume, est mentionné dans plusieurs transactions. Dans son testament, il ordonne sa sépulture dans l'église de Saint-Germain de Varennes, fait des legs pieux, veut que damoiselle Eliénor de Gevray, sa femme, soit remboursée de ses deniers dotaux, lègue à Loyse, Amiotte et Claude de Drées, ses sœurs, à chacune la somme de trente livres outre les deniers dotaux à elles constitués, et, quant au surplus de tous ses biens, il institue pour héritier son frère Guillaume.

Antoine de Drées est rappelé dans le contrat de mariage de sa veuve avec Claude de Cornon, écuyer, du 6 juin 1471.

Il est question de Renaud de Drées, prieur de Saint-Etienne de Beaune, dans le contrat de mariage de Eliénor, veuve d'Antoine de Drées, avec Claude de Cornon, en 1471.

Guillaume de Drées eut pour enfants : Guyard et Jean, Jeanne et Marguerite, jumelles.

---

(1) Peincedé.

IV. — Guyard de Drées.
1471-1545

En 1485, l'abbaye de Labussière, par Girard de Chissey, son cellérier, cède à Guyard et Jean de Drées, frères, seigneurs de Panthier, tous les droits que ladite abbaye avait sur les terres de Panthier, moyennant cent boisseaux de froment, mesure de Châteauneuf (1).

Noble homme Guyard de Drées, écuyer, seigneur d'Aisy-lez-Thil, en l'Auxois, fils et héritier de Guillaume de Drées, et petit-fils de Pierre de Drées, reprend de fief le 17 décembre 1493 pour les bois de Drées et champoyage de Burteau, situé en la haute justice de Dammarie en Puysaye, de madame de Courcelles, veuve de messire Jehan de Coligny, seigneur de Châtillon-sur-Loing (2).

Guyard de Drées, sieur d'Aisy, Varennes et Longecourt, oblitère, le 17 décembre 1493, une main-levée de choses féodales, saisies en lui, à la requête de noble et puissante dame Eléonore de Courcelles, veuve de messire de Coligny.

Il passe le 12 avril 1499 et le 20 février 1510, un contrat de constitution de rente annuelle de 13 francs et 4 gros, pour le capital de 200 livres, passé au profit de la cathédrale d'Autun.

En 1500, Guyard est tuteur de Philibert de Drées, fils

---

(1) Cartulaire de Labussière.
(2) Chérin.

de Jean ; il reprend Gissey pour lui. La même année, il reprend de fief la seigneurie de Varennes et de Montachon.

En 1503, Guyard fait hommage de Varennes au duc : il a vingt livres de rente sur Baleure.

Il est plusieurs fois question de Guyard de Drées dans Saint-Julien de Baleure, dans les manuscrits de M. Le Laboureur et ailleurs.

Guyard de Drées épousa :

1º Marguerite de Lantages, sœur de Girard, sieur de Blaon et la Montagne, père de Jeanne, femme de Pierre de Saint-Julien de Baleure (1). Il en eut Jacqueline de Drées, fille unique, son héritière, qui épousa, le 10 août 1515, Louis de Clugny, écuyer, seigneur de Conforgien (2), dont elle eut : Barthélemy, Guyard, Philiberte de Clugny, seigneurs de Conforgien, Aisy et Cortelain, en 1545, et Michel de Clugny, qui reçut en héritage de Michel de Clugny, son oncle, abbé de Saint-Marien d'Auxerre, la terre de Montachon et Grandvaut, dont il reprit de fief en 1580. Michel de Clugny épousa, en 1572, Gabrielle de Colombier, dont il eut deux fils, Antoine, seigneur, de Colombier, et Guy, sieur de Montachon (3). Palliot mentionne les armes de Clugny, parti de Drée, qui se trouvent dans la chapelle de saint Blaise, en l'église de Saint-Germain, d'Aisy-sous-Thil.

2º Jacquette Ribotteau, sœur de Bertrand Ribotteau,

---

(1) Vignier.

(2) Conforgien, paroisse de Saint-Martin-de-la-Mer. — Le château existe encore en partie.

(3) *Le Morvand,* par l'abbé Baudiau. — Article de *Saint-Didier.*

chanoine de Langres, et de Guyon Ribotteau, écuyer. Il était mari de cette dernière en 1514 et l'autorise à tester en 1525. Dans ce règlement, ils disent n'avoir point d'enfants de leur mariage.

Guyard obtint du roi François Ier des lettres patentes du 23 avril 1515, qui lui permirent l'érection d'un signe patibulaire sur une de ses terres.

En 1530, il reprend de fief sa chevance de Colombier. Il était mort en 1545.

Jean, frère de Guyard, et Jeanne et Marguerite, leurs sœurs, sont mentionnés dans la reprise de fief du 29 décembre 1473.

CHAPITRE III

BRANCHE DE DRÉE A GISSEY-LE-VIEIL (AUXOIS)

On pourrait faire remonter la filiation de cette branche à Pierre de Drée (1), damoiseau, seigneur de Gissey en partie. Il y avait deux portions de fief à Gissey. Après Pierre de Drée, nous citerons Guillaume, son fils, aussi seigneur de Gissey en partie. Ce dernier transmit la terre de Gissey à son second fils, Jean, frère de Guyard, que nous venons de signaler, et c'est par Jean de Drée que nous ouvrirons la liste des seigneurs de Gissey-le-Vieil.

I. — Jean de Drée.
1491

Jean de Drée, seigneur de Gissey, épouse Chrétienne de Mandelot, fille du sieur de Cussy-la-Colonne et Mandelot (2).

« Jehan de Drée, seigneur de Gissey-le-Vieux, en qualité de mari de Chrétienne de Mandelot, uni à Jacques de Dinteville, seigneur d'Escrinville et de Commarien,

---

(1) A partir de ce moment nous écrivons Drée avec l'orthographe actuelle, car nous pensons que c'est à peu près à cette époque que cette orthographe prévalut sur l'ancienne.

(2) Mandelot, paroisse de Mavilly.

conseiller et chambellan du roi, Jehan de Fontette, écuier, seigneur dudit lieu, messire Anthoine Gros, seigneur d'Aisey, greffier de Parlement du duchié de Bourgoigne, tous consorts et co-seigneurs de Remilly-les-Sombernon, au bailliage d'Auxois, demandeurs et complaignans contre les officiers de Charles de Beffruymont, chevalier, seigneur de Sombernon, au sujet d'entreprise faite sur leur justice commune dudit Remilly, obtiennent lettres données en la chancellerie à Dijon, le 17 octobre 1491, aux fins d'être maintenus et d'avoir droit d'assigner (1). »

Jean de Drée eut pour fils Philibert.

« Chrétienne de Mandelot, damoiselle, veuve de feu noble homme Jehan de Drée, en son vivant seigneur de Gissey et de Thorey en partie, ladite damoiselle dame de Venarey pour la moitié et aussi dame de Gissey et de Thorey par le trépas de son mari, fait donation entre-vifs à noble homme Philibert de Drée, son fils, de tout le douaire qu'elle a sur lui ; cette donation passée à Venarey, devant Girard Ogier, notaire royal, le 13 mars 1521 (2). »

II. — Philibert de Drée.
1522-1545

Philibert de Drée, seigneur de Gissey-le-Vieil et de Thorey en partie, épouse en premières noces, au mois d'avril 1522, Philiberte Du Bois, fille de feu noble

---

(1) Chérin.
(2) *Ibid*.

homme Guy Du Bois, seigneur de la Serrée, et de noble damoiselle Claude de Chavannes, sa veuve, veuve déjà en premières noces de Philibert de Marcilly. Le douaire de ladite damoiselle est assigné sur la terre de Gissey avec 160 livres de rentes sur ledit Gissey, et sur les terres de Thorey et de Panthier ; ses bagues et joyaux sont fixés à 300 écus d'or.

Philibert de Drée a de ce mariage Antoine de Drée que nous retrouverons dans la branche de la Serrée.

Devenu veuf, il épouse Anne de Saulx, dame de Beire, Arc-sur-Tille, veuve de Simon de Vaudrey, seigneur de Mont-sous-Vaudrey, dont il a Guillaume, seigneur de Beire, Gissey, Remilly, etc.

« Noble seigneur Philibert de Drée, écuier, seigneur de Gissey-le-Vieux, Panthier, Thoisy-le-Désert et de Remilly en partie, à cause de sa justice et seigneurie dudit Remilly, appelée la seigneurie de Mandelot, fait procéder à la rénovation du terrier dudit Remilly, le 13 janvier 1538 (1). »

Le 17 juillet 1541, il transige avec Gaspard de Torey, son frère utérin, seigneur de Lantilly en Nivernais, au sujet de la succession de Chrétienne de Mandelot, leur mère. Les seigneuries de Remilly, Thoisy-le-Désert et Gissey-le-Vieil restent en entier audit de Drée ; celles de Venarey, Billy-sur-Seine, etc., demeurent audit de Torey.

« Noble seigneur Philibert de Drée, seigneur de la Serrée, près Saint-Gengoux-le-Royal, Remilly, Gissey et

---

(1) Chérin.

Panthier-en-l'Auxois, fait son testament le 25 août 1745, par lequel il élit sa sépulture dans sa chapelle, près sa maison de la Serrée, de Drée, y fait fondation de quatre messes par semaine outre les trois qui sont fondées d'ancienneté ; ordonne services, prières et aumônes, et en sa terre de Beire, et en charge madame Anne de Saulx, sa femme ; lègue à ladite dame sa terre de Thorey, à son fils Antoine, les terres et seigneuries de la Serrée et de Panthier, à son fils Guillaume, les terres et seigneuries de Gissey et de Remilly (1). »

« Dans le chœur de l'église de Gissey, tombes de Jean de Drée, de Chrétienne de Mandelot et de Philibert de Drée (2). »

Anne de Saulx rachète en 1549, pour Guillaume, son fils, la seigneurie de Remilly, vendue en 1540 par Philibert de Drée.

Anne de Saulx mourut en 1573, et fut enterrée à Beire. Chérin s'exprime ainsi : Tombe plate dans l'église paroissiale de Saint-Laurent de Bère, près le grand autel, du côté de l'Evangile. Effigie d'une femme au bas :

Cy gist dame Anne de Saulx, dame de Bère, en son vivant femme de Philibert de Drée, chevalier, l'an 1573. Priez Dieu pour elle.

Deux écussons : l'un, à droite, *chargé d'un lion*, l'autre, à gauche, *parti de cinq merlettes* (de Drée) *et d'un lion.*

---

(1) Chérin.
(2) Palliot, I, p. 172.

Une chose assez innocente arrivée à propos des funérailles d'Anne de Saulx fut l'occasion d'un grand procès. Guillaume de Drée avait fait tendre de noir l'église de Beire, où sa mère fut enterrée, y compris la chapelle de Sainte-Anne, appartenant à André de Baissey, seigneur de la Chaume. Celui-ci porta plainte devant la cour de Dijon, où il perdit son procès (1).

III. — Guillaume de Drée.
1565-1593

En 1565, reprise de Gissey et de Thorey-sous-Charny par Guillaume de Drée et Jean d'Eguilly, seigneur dudit Gissey, pour des terres vendues, par autorité de justice, sur le sieur de Rochebaron. Reprise plus tard par arrêt du Parlement de Dijon, de la portion de la terre de Gissey dite portion de Lugny, par René de Rochebaron, à l'encontre de Guillaume de Drée et les héritiers de feu le sieur d'Eguilly (2).

Guillaume de Drée, seigneur de Gissey, était l'un des trente hommes de la compagnie de Mgr de Tavannes, chevalier de l'ordre du roi, qui, avec quarante-cinq archers, passèrent en revue, à Dijon, le 27 mai 1566.

La terre de Remilly, appelée Mandelot, fut échangée par Guillaume de Drée à Jean d'Eguilly, en 1570.

Le 12 novembre 1570, Guillaume de Drée, chevalier de l'ordre du roi, seigneur de Gissey, est présent au

---

(1) *Histoire de Beire*, par l'abbé Bourgeois.
(2) Peincedé.

contrat de mariage, passé à *Chaudenier*, de Guillaume de la Colonge, seigneur de la Cosne, de la Mothe-sur-Dheune, etc.; avec Françoise de Rochechouart.

L'an 1571, le 14 février, à Arconcey, il paraît qualifié de seigneur de Beire, Remilly, Thoisy-le-Désert en partie, Gissey, Arconcey, etc.

Dans un acte du 25 février 1572, il est ainsi qualifié : « Messire Guillaume de Drée, chevalier de l'ordre du roi enseigne de la compagnie de M. de Tavannes, seigneur de Gissey, Thorey, Thoisy-le-Désert et de Bère. »

En 1573, Guillaume de Drée prit la qualité de seigneur de Bellevesvre, à cause d'Antoinette de Rochechouart, sa femme, fille de Claude de Rochechouart, seigneur de Chaudenay, et de Jacqueline de Mailly, son épouse.

Haut et puissant seigneur Louis de Rochechouart, messire Guillaume de Drée et dame Antoinette de Rochechouart, sa femme, messire Jacques de Luxembourg, seigneur de Saint-Marcel-sur-Loing, pays de *Fourays*, baron de Bellevesvre en partie, et dame Françoise de Rochechouart, sa femme, font partage, en présence de haut et puissant seigneur messire Philippe de Rochechouart, baron de Couches, Marigny, etc., oncle des Rochechouart, des biens situés en Poitou, à Barbirey, le 2 mai 1575, ledit de Drée étant porteur de la procuration desdits sieur et dame de Saint-Marcel.

Guillaume de Drée est mentionné dans les lettres de rescision du 17 novembre 1582, obtenues en chancellerie contre lui par Guillaume de Drée, sieur de la Serrée, son neveu.

Il figure dans les guerres de la Ligue. On lit dans le

Journal de Breunot : « L'on tient que les barons de Thenissey et de Thianges, ayant assiégé Dondain pour en chasser M. de Salon, auraient demandé une couleuvrine à M. le vicomte, qui la leur aurait envoyée avec 80 ou 100 chevaux conduits par M. de Drée (Guillaume de Drée, seigneur de Bère et de Gissey, beau-frère de M. de l'Artusie, gouverneur de Chalon).

» Au lieu de gens de pied, M. de Bissy aurait paru avec trois à quatre cents chevaux. M. de Thianges étant plus fort d'hommes, aurait voulu aller à la charge. L'on dit que M. de Drée aurait dit qu'il n'avait pas charge de M. le vicomte de combattre, ains seulement de voir battre la place, ce qui aurait été cause du débandement des troupes.

» M. de Vaugrenant prit la maison de Culêtre, proche d'Arnay-le-Duc, appartenant à M. de Drée, pour se servir de la déposition dudit de Drée contre M. de Tavannes, pour la forme et la reddition de la ville de Dijon (1). »

Nous savons que la maison de Culêtre pouvait appartenir à M. de Drée par son épouse Antoinette de Rochechouart.

En 1586, Guillaume était veuf d'Antoinette de Rochechouart, dont il avait des enfants, et était remarié.

En 1576, Guillaume de Drée, par disposition testamentaire, avait partagé ses biens entre ses enfants, Philippe, Charles et Louise. Louise eut 6,000 livres, épousa Jacques de Courcelles, baron d'Auvillars, près de

---

(1) Journal de Breunot, *passim*.

Bellegarde, et de Pourlans, et fut mère de Jeanne de Courcelles de Pourlans, dernière abbesse de Tart. Charles étant mort, Philippe fut héritier de toutes les propriétés de son père.

En 1593, Guillaume de Drée ajouta un fleuron à la couronne des seigneurs de Beire en achetant des habitants de Viévigne, moyennant 600 écus, le bois de Pennecières (90 journaux) qui est encore la propriété du château de Beire (1).

On ignore le lieu de la sépulture de Guillaume de Drée ; peut-être que ce fut Gissey, où reposait son père Philibert.

Antoinette de Rochechouart mourut en 1576 et fut enterrée à l'église de Culêtre. Chérin donne son épitaphe, qu'il dit être gravée sur une plaque de laiton, du côté de l'Evangile, dans la chapelle :

L'AN MIL CINQ CENT LXXVI, LE XXVI DE JUILLET
DÉCÉDA DE CE SIÈCLE EN UN PLUS HEUREUX
ANTHOINETTE DE ROCHECHOUART, DAME DE
BELLEVESVRE, FEMME ET COMPAIGNE DE MESSIRE GUILLAUME
DE DRÉE, CHEVALIER DE L'ORDRE DU ROI, SIEUR DE
GISSEY ET DE BÈRE, LAQUELLE FUT FILLE DE FEU MESSIRE CLAUDE
DE ROCHECHOUART ET DE DAME JACQUELINE DE MAILLY,
SEIGNEUR ET DAME DE CHAUDENIER, JERNAZEY, LA MOTTE,
BAUSSEY, BELLEVESVRE, CRESCY, MAREY, BROGNON ET
ARCONCEY. PRIEZ DIEU POUR ELLE.

---

(1) *Histoire de Beire-le-Châtel*, par l'abbé Bourgeois.

IV. — Philippe de Drée.
1570-1622

Philippe de Drée, baron de Bellevesvre et de Beire, préféra le séjour de l'Auxois à celui de Beire et vendit en 1615 son château et sa terre de Beire à Jean-Jérôme Tisserand, conseiller au Parlement de Dijon (1).

Philippe de Drée était mort insolvable, le 9 juillet 1622, sans postérité.

En 1599, une portion de la seigneurie de Gissey passa par échange à Alexandre de Colombet, sieur de la Borde, fils d'un conseiller au Parlement de Grenoble (2).

Dame Louise de Drée, dame de Pourlans, sœur de Philippe de Drée et son héritière par bénéfice d'inventaire, demeurait en Bourgogne le 23 juillet 1622. Elle était veuve en 1629 et demeurait à Auvillars, près de Bellegarde, le 1er janvier 1630 (3).

---

(1) *Histoire de Beire-le-Châtel*, par l'abbé Bourgeois.
(2) Peincedé.
(3) Chérin.

CHAPITRE IV

BRANCHE DE DRÉE A LA SERRÉE (MACONNAIS)

Philibert de Drée, époux de Philiberte Du Bois, dame de la Serrée, peut être considéré comme le chef de cette branche, puisqu'il porta le titre de seigneur de la Serrée. Il eut pour fils Antoine de Drée.

Le château de la Serrée est de la paroisse de Curtil-sous-Burnand (Saône-et-Loire). Un Annuaire du département porte : « Beau château de la Serrée, ayant anciennement appartenu aux Drée de Gorze, puis aux de Mucie, aux de Lavernette, à M. le marquis d'Autume, à M. de Jotemps (aujourd'hui à M. de Lavernette-Saint-Maurice). Ce château, jadis ceint de fossés larges et profonds, était flanqué de huit tours irrégulières, liées entre elles par de fortes murailles supportant des terrasses ; cinq de ces tours subsistent encore avec leurs machicoulis. La porte principale, qui a conservé ses machicoulis, est, comme l'ensemble de ce vieil édifice féodal, d'un aspect assez remarquable. »

I. — Antoine de Drée.
1540-1552

Antoine de Drée épousa, par contrat du 7 novembre 1540, Claire de Vaudrey, fille de Simon de

Vaudrey, seigneur de Mont-sous-Vaudrey, et d'Anne de Saulx, seconde femme de Philibert de Drée, son père. Le douaire fut réglé à trois cents livres de rente, et les bagues et joyaux à deux cents écus soleil. Nous avons vu que son père l'institua héritière de ses terres de la Serrée et de Panthier (1). Il mourut jeune, à l'âge de trente ans environ, laissant pour enfants : Guillaume, Antoine, Hugues et Guillaume, morts au service, Catherine, qui épousa Nicolas de Ferrière, Claire, Humberte et Jeanne, non mariées ou religieuses.

II. — Guillaume de Drée.
1550-1628

« Guillaume de Drée, sieur de la Serrée, obtient de François, fils et frère du roi de France, duc d'Alençon, des provisions de la charge et capitainerie de cent arquebusiers à cheval. Ce prince les lui donnant comme *à son cher et bien amé pour la parfaite et entière confiance qu'il a eu en ses bon sens, suffisance, vertu, expérience au fait de guerre, etc.* Lesdites provisions données à Saint-Saulge, le 18 avril 1576 (2). »

« Messire Guillaume de Drée, escuier, seigneur de la Serrée, Corcelles et Saint-Marcellin, épouse, par contrat du 14 juin 1579, dame Claude, *alias* Claride de Gellan ou Gerland, dame de Souterrain, Meyre, la Bescherie en Bresse, fille de messire Denis de Gellan, baron de The-

---
(1) Panthier (Côte-d'Or).
(2) Chérin.

nissey, Rochefort, Nogent et Essarois, et de dame Françoise de Damas. Les bagues et joyaux de ladite de Gellan sont réglés à deux cents écus d'or; son douaire est de deux tierces parties de tous les biens meubles et immeubles dudit de Drée (1). » Claude de Gellan était veuve en premières noces de messire Antoine de Tennare, chevalier, sieur de Souterrain.

Guillaume de Drée reçut, en qualité de député de Bourgogne, lettres de passeport émanées de Henri, roi de Navarre, souverain de Béarn, contenant ordre de se trouver à Montauban avec les autres députés des Eglises réformées, catholiques, associés et autres, pour assister à l'assemblée convoquée en ladite ville, à cause de la répartition de six cent soixante et tant de mille livres imposées sur lesdites Eglises réformées; lettres datées de Montauban, le 27 juillet 1579.

En 1582, il soutient un procès contre Guillaume de Drée, seigneur de Gissey, son oncle, au sujet de l'héritage de son père.

Le 9 mai 1588, Guillaume reçoit commission du duc de Montmorency pour conduire douze maîtres de la compagnie du sieur comte de Cruzille, comme son lieutenant.

« Guillaume de Drée, sire de la Serrée, obtient de Henri IV, roi de France et de Navarre, par lettres de ce prince, données à Saint-Vy, le dernier juillet 1595, don et gratification de la somme de 4,500 écus, *pour reconnaître les bons, agréables et recommandables services*

---

(1) Chérin.

qu'il (son cher et bien amé Guillaume de Drée, seigneur de la Serrée) lui a faicts en ses guerres, et pour lui donner moyen de continuer et le récompenser des pertes qu'il a reçues en ses biens, pendant les troubles de ceux de la Ligue, en haine de l'affection qu'il avait au bien de ses affaires, et de trois rançons qu'il leur a payées, ayant été pris par trois différentes fois, etc. (1). »

Guillaume de Drée fut lieutenant de la compagnie d'hommes d'armes d'Avènes dont avait charge le maréchal de Retz, fut fait capitaine de Saint-Gengoux-le-Royal, à la place de Gengoul de la Piot, qui lui en fit sa démission, le 30 mars 1596.

Guillaume de Drée, capitaine de cent arquebusiers, chevalier de l'ordre du Saint-Esprit, fut chargé de présenter ses mémoires aux Etats généraux, en 1614 (2).

« Guillaume de Drée, par son testament en date du 9 août 1627, ordonne sa sépulture dans sa chapelle, près de sa maison de la Serrée, veut qu'on lui érige la tombe qu'il a fait graver ; fait des legs aux églises réformées de Salornay et de Bussy-en-Chalonnais, à nombre de ses domestiques ; lègue à René Emmanuel de Drée, fils aîné de son fils, religieux à Clugny, à Barbe de Drée, religieuse à Lieu-Dieu, et à Marie de Drée, religieuse de Lancharre, à Chalon, ses petites-filles, à chacune, la pension viagère de huit livres ; à Jacques, Edme et Charles de Drée, ses autres petits-enfants, s'ils sont mis

---

(1) Chérin.
(2) *La Noblesse aux Etats de Bourgogne.*

en religion, à chacun la rente de huit livres, sinon une somme de six-vingt livres, pour aider à dresser leur équipage; à Guillaume et Léonard de Drée, ses autres petits-enfants, à chacun 150 livres, aussi pour dresser leur équipage; à Kateline et Françoise de Drée, ses autres petites-filles, à chacune 200 livres, pour aider à les meubler; puis il lègue encore aux enfants de Béraude de Drée, sa fille défunte et du feu sieur de Foncrenne; et quant au surplus de tous ses biens, nomme et institue son cher et bien-aimé fils Salomon de Drée. Ce contrat fut scellé d'un petit sceau double chargé de cinq merlettes (1). »

Messire Guillaume de Drée mourut le 7 mars 1628, et fut inhumé dans la chapelle de saint Sébastien, proche le château de la Serrée, paroisse de Curtil où est sa tombe sur laquelle il est représenté botté, éperonné et l'épée au côté; son écu d'un côté, à droite, chargé de cinq merlettes, et celui de Vaudrey, à gauche.

Voici son épitaphe :

✝ EN CE LIEU GISENT LES OS DE MESSIRE GUILLAUME DE DRÉE, SEIGNEUR DE LA SERRÉE, QUI, CONDUIT PAR LE SAINT-ESPRIT, CONDUIT SON AME A DIEU, LE 7 DE MARS 1628. VIVE JÉSUS ET SA MÈRE.

AU SEUL SEIGNEUR J'AI FIANCE PARFAITTE.
IL ME PRENDRA EN L'ÉTERNEL REPOS.
AU SEUL SEIGNEUR J'AI FIANCE PARFAITTE :
AUPRÈS DE LUY MON AME AURA RETRAITTE,
ET CE TOMBEAU ENGLOUTIRA MES OS (2).

---

(1) Chérin.
(2) La chapelle de saint Sébastien n'existe plus; à sa place on a construit la maison d'école et la mairie. — La tombe de Guillaume de Drée est à l'église paroissiale. (Lettre de M. Descombes, curé de Curtil.)

La tradition locale dit que Guillaume de Drée était très belliqueux. Les sept tours du château furent rasées. L'écusson de la famille de Drée se voit encore dans ce château. M. le comte de Jotemps, ancien propriétaire, affirme avoir employé au milieu d'un bassin qu'il fit construire dans la cour, un fût pyramidal, en pierre, portant aussi l'écusson de Drée.

Guillaume de Drée eut de Claude de Gellan : Salomon, Paul, écuyer, mort au service sans postérité, Béraude, mariée à Jacques de Saint-Amour, sieur de Foncrenne, dont elle eut Lazare, Marguerite, mariée au sieur de Courcheval, et Claudine, mariée à N. de Périeu, sieur de la Cour.

III. — Salomon de Drée.

1603-1643

Salomon de Drée, fils de Guillaume, épouse, par contrat du 24 octobre 1603, damoiselle Antoinette de Thiard, fille de feu noble seigneur Héliodore de Thiard, capitaine de cinquante hommes d'armes des ordonnances du roi, gouverneur pour sa Majesté à Verdun, seigneur de Bixy, Bragny, etc., et de Marguerite de Busseuil. A ce mariage assiste Révérend Père en Dieu Cyrus de Thiard, évêque de Chalon, oncle paternel de la future et procureur spécial de Révérend Père en Dieu Ponthus de Thiard, conseiller du roi en ses conseils d'Etat et privé, ancien évêque de Chalon, grand-oncle, tuteur et administrateur de la future. La dot de ladite future fut fixée à

19,030 livres dans laquelle fut compris un legs à elle fait par la feue dame de Montgomery, sa grand'mère.

Salomon de Drée fut choisi par délibération des Etats généraux de 1622, pour régler les différends entre les gentilshommes.

Haut et puissant seigneur Salomon de Drée, seigneur de la Serrée et la Bescherie, fut nommé élu de la noblesse du Mâconnais, dans l'assemblée de ladite noblesse tenue à Mâcon, d'une commune voix, sauf le sieur de Champigny, qui a formé opposition pour le sieur de Montjouvant et Messé, à laquelle on n'a pas eu égard, en vertu des ordres du roi, le 9 septembre 1626, et chargé en cette qualité d'assister aux Etats du duché de Bourgogne, convoqués pour le 14 dudit mois (1).

Salomon de Drée est nommé capitaine de Saint-Gengoux, à la place de Guillaume, son père, qui lui résigne à Paris le 20 juin 1627.

Par lettres de Henri, prince de Bourbon, des 25 juillet et 6 août 1635, il a pour mission de reconnaître les nobles qui se présenteraient pour être reçus aux Etats.

Salomon de Drée, écuyer, seigneur de la Serrée, commanda la noblesse du bailliage du Mâconnais en 1635, et se présenta avec ses armes, un soldat, un valet de chambre, montés chacun sur un cheval, trois valets et deux chevaux de bagage à la montre et revue des gentilshommes nobles des bailliages de Chalon et de Mâcon, pour se trouver au ban et arrière-ban de la noblesse de France, ladite revue faite les 16, 17 et 18 août 1635 par

---

(1) Chérin.

Etienne Corvault, conseiller du roi, commissaire des guerres (1).

Salomon de Drée fut institué tuteur de ses enfants à la mort de Marguerite de Busseuil, arrivée le 21 décembre 1642.

Le 22 juillet 1643, Salomon de Drée fait son testament olographe, par lequel il ordonne sa sépulture dans l'église paroissiale de Curtil, en sa chapelle saint Laurent, de sa maison et seigneurie de la Serrée ; il institue pour son héritier universel son fils Charles de Drée et fait des legs à ses autres enfants et petits-enfants.

Châteaubriand, décrivant les tombes des chevaliers du moyen âge, s'écrie : « Ces écuyers semblent prier avec ferveur ; car ces vaillants hommes, antique honneur du nom français, tout guerriers qu'ils étaient, n'en craignaient pas moins Dieu du fond du cœur. »

Salomon de Drée eut pour enfants : Charles, René-Emmanuel, Barbe, Marie, Jacques, Edme, Guillaume, Léonard, Catherine et Françoise.

IV. — Charles de Drée.
1620-1712

Charles de Drée, chevalier, seigneur de Saint-Marcellin, épousa, par contrat du 17 décembre 1643, Françoise de Foudras, fille de haut et puissant seigneur messire Christophe de Foudras, chevalier, seigneur de Contenson, et de dame Marguerite d'Alban. Les parents

---

(1) Chérin.

et amis furent : Révérend et illustre seigneur messire Guillaume d'Alban, doyen de l'Eglise, comte de Lyon, prieur de Montortier et Tarare ; illustre seigneur messire Gaspard de Foudras de Contenson, maître du chœur de ladite église, comte de Lyon, prieur d'Arlent ; messire Gaspard de Vichy, seigneur de Champron, lieutenant et gouverneur pour le roi au Pont-Saint-Esprit ; messire Gaspard d'Alban, marquis de Saint-Forgeux ; messire Jean-Pierre d'Alban de Salles, chevalier, seigneur de Saint-Marcel, etc. Ce contrat est passé au château de Contenson, en Forez.

Charles est maintenu dans sa noblesse par jugement du 26 février 1669.

Messire Charles de Drée, seigneur de la Serrée, Saint-Marcellin, etc., paya la somme de 1,425 livres pour le passage de frère René de Drée, son fils, destiné à être reçu chevalier de Malte, en la vénérable Langue d'Auvergne, le 17 novembre 1622.

Le 20 avril 1674, Françoise de Foudras-Contenson, femme de messire Charles de Drée, fait son testament olographe. Elle lègue à ses enfants, donne à son mari l'usufruit de ses biens, et institue pour son héritier universel Salomon de Drée, son fils aîné.

Le sieur de la Serrée (Charles de Drée) obtient le 8 juillet 1689 de M. l'Archevêque, comte de Lyon, primat de France, commandeur des ordres du roi et son lieutenant général au gouvernement de Lyonnais, certificat portant que le sieur de la Serrée a été nommé maréchal des logis à l'arrière-ban de Lyonnais, et qu'il en a même reçu la paye avant de partir en cette qualité.

Messire Charles de Drée, résidant à Saint-Ytaire en Mâconnais, fait son testament olographe le 20 juin 1712, par lequel il élit sa sépulture dans la chapelle de saint Laurent, en l'église paroissiale de Curtil, au tombeau de ses prédécesseurs ; il fait divers legs à ses enfants, et institue pour héritier universel Etienne de Drée son petit-fils.

Charles de Drée mourut le 5 novembre 1712, âgé d'environ 96 ans.

René-Emmanuel de Drée, frère de Charles, fut religieux profès à Cluny ; Barbe de Drée, religieuse au couvent de Lieu-Dieu ; Marie de Drée, religieuse au couvent de Lancharre à Chalon ; Edme de Drée fut reçu chevalier de Malte le 2 juin 1638 : Jacques, Guillaume et Léonard de Drée, postérité inconnue ; Catherine de Drée épousa Jacques de Mâlain, chevalier, sieur de La Canche, dont elle eut Antoinette et Léonard de Mâlain ; Françoise de Drée épousa Marc-Antoine de Digoine, chevalier, sieur du Palais, dont elle eut Salomon de Digoine.

Charles de Drée eut pour enfants : René, Salomon, Marie, Gaspard, Henriette, Hilaire, Claude, Raymond, Marguerite, Péronne, Elisabeth.

En transcrivant les noms de cette légion d'enfants, nous ne pouvons nous empêcher de faire une comparaison tout en faveur de ces familles patriarcales ; une des plaies de notre époque est le nombre restreint des enfants, vice qu'il faut signaler et flétrir au nom de la religion, de la morale et du patriotisme.

V. — René de Drée.
1646-1708

Bien que René de Drée n'ait pas succédé de fait à son père, puisqu'il mourut avant lui, nous en dirons quelques mots.

Né le 14 mars 1646, René de Drée fit ses preuves pour entrer dans l'ordre de Malte, les 4 et 5 juin 1652 ; mais après la mort de ses frères aînés, il rentra dans le monde.

Par brevet du 3 mars 1672, daté de Versailles, le sieur de la Serrée (René de Drée) est fait cornette de la compagnie d'Ormissan, dans le régiment de Gassion.

Il épousa, par contrat du 11 juin 1681, Jeanne Damas, fille de feu messire Pierre Damas, chevalier, seigneur de Barnay, Verpré, etc., et de dame Anne Gambin, contrat passé au château de Verpré, paroisse de Tancon.

Le dernier mai 1699, Jeanne Damas, épouse de René de Drée, acheta la terre et seigneurie de Moulin-le-Bost, située en la paroisse de Saint-Maurice, moyennant la somme principale de 25,000 livres et 600 livres d'étrennes.

Le 18 avril 1700, René de Drée fut convoqué par lettre du roi à se trouver aux Etats du duché de Bourgogne.

Lettre de S. A. S. Monseigneur Jules de Bourbon, du 28 mars 1703, portant qu'ayant appris qu'il (René de Drée) *pensait à l'emploi d'élu de la noblesse du Mâconnais pour la prochaine élection, il* (le prince) *y donnait son agrément, étant persuadé qu'il ne peut être rempli d'une personne qui s'en acquitte plus dignement, ajoutant que les occasions de lui faire plaisir lui sont toujours très agréables, et qu'il lui donne avec bien de la joie son agrément pour cette charge.*

René de Drée fut un des quatre gentilshommes choisis par S. A. S. Monseigneur Jules de Bourbon pour l'imposition de la capitation à l'égard de la noblesse dans la généralité de Bourgogne, 27 décembre 1703.

Etant en tournée par députation des Etats de Bourgogne et passant le pont à Mailly, il tomba malheureusement dans la rivière de l'Arconce, le 28 janvier 1708. Son corps ne fut reconnu que le 28 juillet suivant dans la Loire, au-dessous des chantiers de Digoin.

Salomon de Drée, frère de René, fut capitaine de cavalerie au régiment de Condé et mourut au service. Gaspard mourut au service, également capitaine au régiment de Condé. Claude de Drée fut d'abord aspirant à l'ordre de Malte, il fut même page du Grand-Maître ; il rentra dans le monde, devint capitaine au régiment de Touraine. Etant capitaine de grenadiers au régiment d'Orléans, il épousa Elisabeth Dufresne, le 25 janvier 1703 ; il fut tué à la bataille de Hochstedt, sans laisser de postérité. Hilaire de Drée fut religieux à Culhat, Raymond à Savigny, Marguerite, religieuse à Sainte-Marie-de-Charolles, ainsi que Elisabeth, Péronne, religieuses au couvent de Courpière, en Auvergne. On ne sait rien de Marie ni de Henriette.

René de Drée laissa sept garçons et trois filles, savoir : Etienne, François, Gilbert, autre Gilbert, trois fils du nom d'Antoine, Marie, Charlotte et Bénigne.

On le voit, les Drée font partie de cette noblesse qui se relève en face de l'ennemi sur les champs de bataille. Elle se précipite avec ardeur à la suite du roi conquérant. Les Drée remplissent les armées de Louis XIV, et se montrent les dignes émules des anciens chevaliers (1).

VI. — Etienne de Drée.
1692-1772

Etienne de Drée, né le 20 mars 1692, épouse par contrat du 18 juillet 1724 passé au château de Sérandez, paroisse d'Issy-l'Evêque demoiselle Jeanne de Siry, fille de feu François de Siry, chevalier, seigneur de Sérandez et la Faye, et de dame Claude Gevalois. Le même jour, Etienne est constitué héritier universel de messire Gilbert, comte de Damas, seigneur de Verpré, Barnay, Vanoise, etc., maréchal des camps et armées du roi, son oncle.

Haut et puissant seigneur messire Etienne, comte de Drée, chevalier, seigneur comte de la Bazole, baron du Banchet, seigneur de Châteauneuf, le Bois Sainte-Marie, Massilly, Verpré, Barnay, Moulin-le-Bost, Viry, etc., émancipe, le 23 novembre 1750, son fils, messire Gilbert, chevalier de Saint-Louis, sous-lieutenant au régiment des gardes-françaises.

Etienne de Drée reçut du roi Louis XV des marques de bienveillance et de haute distinction. C'est en sa faveur que la terre de la Bazole, paroisse de Curbigny,

---

(1) *La Noblesse aux Etats de Bourgogne.* Introduction.

fut érigée en marquisat sous le nom de Drée, en mars 1767. Nous donnons en entier ce document qui rappelle l'antiquité, l'honorabilité et les services de la famille de Drée.

« Sa Majesté, convaincue que la noblesse d'extraction, conservée de siècle en siècle et soutenue par des services militaires et des emplois importants, a toujours été considérée comme le titre le plus favorable pour parvenir aux premiers honneurs ; voulant par ce motif donner une preuve de sa bienveillance à son cher et bien aimé Etienne, comte de Drée, seigneur haut justicier des terres et seigneurie de la Bazole en Mâconnais, relevant en plein fief de son duché de Bourgogne, en les érigeant et décorant du titre et dignité de marquisat de Drée ; étant instruit que la maison de Drée est l'une des plus anciennes de ladite province, que sa noblesse remonte avant l'année 1142, qu'elle tire son origine du château de son nom, situé au bailliage de Semur en Auxois, et que, dans le chœur de la paroisse de Drée, et surtout dans les églises des abbayes de Saint-Andoche d'Autun et de Labussière, à deux lieues de Drée, subsistent encore des monuments qui désignent et rappellent les hautes qualités dont jouissaient dès lors les seigneurs de ce lieu et les dons considérables qu'ils firent à l'église de ce lieu, et à l'abbaye de Saint-Seine ; étant ledit seigneur roi informé que les descendants de cette maison, nobles de nom et d'armes, ont toujours été attachés au service des rois, ses prédécesseurs, qu'en 1582, Guillaume de Drée, seigneur et comte de la Serrée, gentilhomme de la chambre de Henri III et chevalier de son ordre, avait été fait capitaine de cent arquebusiers à cheval, par commission du 18 avril 1576; qu'en 1595, Henri IV lui fit don de 4,500 écus, en récompense des services importants qu'il lui avait rendus et à l'Etat; que les ancêtres du comte de Drée ont commandé la noblesse du Mâconnais; qu'ils ont rempli différentes commissions importantes aux Etats généraux de la province de Bourgogne et à ceux de France, tenus à Sens et à Montauban; que plusieurs de cette maison, et notamment René, père dudit comte de Drée, ont été admis dans l'ordre de Malte, et Claude, son frère, sur les preuves qu'ils avaient faites; qu'il (ce dernier) était capitaine de grenadiers au régiment de Chartres et fut tué à la bataille de Hochstedt, et que ses deux frères aînés, capitaines de cavalerie, moururent au service; étant pareillement informé que François de Drée, enseigne de ses vaisseaux, frère aîné dudit Etienne, comte de Drée, fut tué en 1711, dans le combat naval donné près de la Havane, que deux autres de ses frères vivants sont actuellement à son service; considérant que la famille dudit sieur comte de Drée est alliée aux principales maisons nobles du royaume; ayant encore égard aux services de Gilbert, son fils unique, chevalier de son ordre royal et militaire de Saint-Louis, ancien lieutenant au régiment des gardes françaises, retiré à la suite des blessures qu'il a reçues à Fribourg, en Flandre, à l'attaque du chemin couvert; informé d'ailleurs que la terre de la Bazole était dès l'année 1638 érigée en comté; que cette terre est en toute justice et a des droits fort étendus sur différentes paroisses, et qu'elle est décorée d'un grand et magnifique château, l'un des plus beaux du Mâconnais ; sa Majesté a créé, élevé et érigé lesdites terre et seigneurie de la Bazole, auxquelles celles de Bosdemont, Vareilles et partie de Curbigny ont été réunies par lettres du mois de mars 1543, en titre et dignité de marquisat, pour en jouir, par ledit Etienne, comte de Drée, ses enfants et postérité nés et à naître en légitime mariage, sous la dénomination de marquisat de Drée. » Ces lettres données à Versailles et signées Louis (1).

Etienne de Drée et son fils sont convoqués par le roi aux Etats de Bourgogne en mai 1772.

Les enfants d'Etienne de Drée furent : Gilbert, Claudine et Gilberte.

Marie et Charlotte de Drée, sœurs d'Etienne, furent religieuses Ursulines à Culhat, en Auvergne, moururent à Lagnieu, la première en 1770, la seconde en 1768 ou 1769. — François de Drée, enseigne de vaisseau, fut tué au combat naval donné près la Havane, en 1711. — Gilbert de Drée, d'abord religieux au chapitre noble de Savigny, puis chanoine de Saint-Claude, abbé de Culhat et prieur de Saint-Just-en-Chevalais, mourut en 1774, à l'âge de 89 ans. — Un autre Gilbert de Drée fut religieux au chapitre noble de Savigny et mourut en 1731. — Antoine de Drée fut nommé lieutenant au gouvernement de Metz par commission du roi, le 14 mai 1754, commandeur de Saint-Louis, maréchal de camp en 1770, mort à Metz, en 1771. — Autre Antoine de Drée, capitaine de vaisseau, eut le commandement de notre marine à Mahon, après la prise de cette place, en 1756 ; il

---

(1) Chérin.

épousa, en 1732, Lucrèce de Durand, à Toulon, et fut le chef de la branche de Provence ; il mourut le 27 mai 1775. — Autre Antoine de Drée, grand sacristain de Savigny, succéda à Gilbert, son frère, comme prieur de Saint-Just, mort en 1777.

VII. — Gilbert de Drée.
1725-1774

Gilbert de Drée, né le 22 novembre 1725, baptisé dans l'église de Saint-Etienne de Tancon, fut premier enseigne en la compagnie du sieur de Razilly, dans le régiment des gardes-françaises, puis lieutenant au même régiment. Nommé chevalier de Saint-Louis en 1746, il fournit ses preuves de noblesse le 30 juillet 1754.

Par contrat passé à Paris le 8 juillet 1755, Gilbert de Drée épouse Valentine-Adrienne-Elisabeth de Latre de Neuville, fille de feu Charles-Valentin de Latre, comte de Neuville en Artois et de Marie Bochard de Champigny. Au mariage assistent ou consentent : très haute, très puissante et très illustre princesse madame Charlotte de Lorraine, princesse d'Armagnac, Mgr Louis de Gand de Mérode de Montmorency, prince d'Issenghien, maréchal de France, et dame Marguerite-Camille de Grimaldi de Monaco, son épouse; Mgr Louis-François-Armand Du Plessis, duc de Richelieu, pair et maréchal de France ; Jean Rigoley, chevalier, premier président en la Chambre de Bourgogne et Bresse, et Françoise de Siry, son épouse; Louis-Gabriel Leprêtre de Vauban, marquis de

Vauban, et Marie Simonet de Beaurepaire, son épouse ; Jacques-Philippe-Sébastien Leprêtre, comte de Vauban, et Anne-Josèphe de la Queille, son épouse; Françoise-Henriette Leprêtre de Vauban, abbesse de Port-Royal, cousine paternelle du futur ; Nicolas de Vichy-Chamron, chevalier, conseiller du roi, trésorier de la Sainte-Chapelle, cousin du futur; Marie-Eugène de Montjouvet, grand sacristain de l'Eglise, comte de Lyon, cousin du futur ; Adrien de Latre d'Ayette, chanoine de la cathédrale de Tournay, Jacques-Théodore de Bryas, chanoine et doyen de la cathédrale de Saint-Omer; Illustrissime et Révérendissime seigneur Monseigneur Jean de Bonneguise, évêque d'Arras; Jean de Baraille, vice-amiral de France, dame Louise-Françoise Bigres, veuve de messire Eusèbe-Jacques Chassepoux, chevalier, marquis de Verneuil, introducteur des ambassadeurs, amie ; Philippe-Auguste le Hardy, chevalier, seigneur de Boliard, gouverneur de Meaux ; M. l'abbé de Prusly, etc. (1).

Lettres patentes du Parlement de Paris relatives à un échange de biens entre le roi et Gilbert, marquis de Drée, en 1772, et lettres d'évocation au Conseil du roi d'une contestation relative à un échange en faveur du même, en 1781 (2).

Gilbert de Drée eut pour enfants : Etienne, Elisabeth-Marie-Valentine, Charles-Antoine-Théodore, Anne-Louise-Albertine-Gilberte, Marc-Antoine-Gilbert, Antoine-Gilbert.

---

(1) Chérin.
(2) Archives nat.

Claudine de Drée. sœur de Gilbert, épousa Jean Gaspard, marquis de Saint-Amour.

Gilberte de Drée, son autre sœur, épousa, le 25 février 1759, le marquis de Damas, seigneur du Rousset, en Forez.

VIII. — Etienne de Drée.
1760-1848

Etienne de Drée, né à Roanne, le 25 février 1760, chevalier, capitaine au régiment de Bourbon, est reçu en la Chambre des comptes de la noblesse de Bourgogne en 1787 (1).

Le marquis Etienne de Drée fut membre du directoire en 1795, député de Saône-et-Loire de 1815 à 1816, et de 1828 à 1837, conseiller général de Chauffailles et de la Clayette de 1800 à 1837, minéralogiste et géologue éminent; sa collection a été acquise par l'Etat en 1820; auteur d'un mémoire sur l'amélioration de la race bovine du Charolais (Mâcon, 1824).

Il épousa 1° Mlle Marie-Charlotte de Clermont-Montoison, dont il eut Gustave et Auguste; 2° Alexandrine, fille du naturaliste Dolomieux dont il eut : Déodat, Adrien, Alphonse, Lucile, Zoé.

Etienne de Drée mourut en 1848.

Sa sœur, Elisabeth-Valentine, née en 1759, mourut au berceau. — Charles-Antoine-Théodore, né le 24 juin 1761, baptisé à Curbigny, devint lieutenant au régiment

---

(1) *Fatras généal.*, Juigné, tom. VI, p. 104.

d'Auxerrois, ne fut pas marié. — Anne-Louise, née le 17 décembre 1762, baptisée à Curbigny, épousa le comte de Pont, frère de Mgr de Pont, évêque de Moulins. — Marc-Antoine-Gilbert, né en 1767, mourut au berceau. — Antoine-Gilbert, né le 1er décembre 1770, baptisé à Roanne, fut admis de minorité au nombre des aspirants à l'ordre de Malte, le 11 janvier 1776. Son père paya pour son passage la somme de 6,733 livres 6 sols 8 deniers.

IX. — Postérité d'Etienne de Drée. — Epoque contemporaine.

1er mariage : GUSTAVE et AUGUSTE DE DRÉE.

I. — Gustave, comte de Drée, né à Roanne, le 19 décembre 1784, officier du premier Empire (1806-1825), épouse en 1822 Zoé de Beaurepaire, dont il a Stéphen, Georges et deux filles, Valentine et Camille. Il mourut à Sennecey-lès-Mâcon en 1836.

Stéphen, marquis de Drée, né à Sennecey en 1828, épousa Mlle Totain, dont il eut Maurice, né le 28 janvier 1860. Il mourut à Asnières (Seine) en 1887.

Georges, comte de Drée, officier de cavalerie, puis directeur des haras, marié à Sarah de Raimbouville, sans enfants.

Valentine de Drée épousa le comte Armand de Pracomtal, dont deux enfants, André, décédé, et Max.

Camille de Drée, mariée au marquis Germain Prévost de Sansac de la Vauzelle, mort à Paris en 1870, pendant le siège, eut plusieurs enfants, dont : Henri, officier de cavalerie, Georges et Berthe, qui a épousé le comte Alexandre de la Baume.

II. — Auguste, comte de Drée, épousa Mlle du Rozier, dont il eut Adine.

Adine de Drée épousa en premières noces le comte de Meffray, dont elle eut Henri, comte de Meffray, marié à Jeanne Coppens de Fontenay. Elle épousa ensuite Alphonse Moraud, comte de Callac, qui fut préfet de la Côte-d'Or du 16 mai 1868 au 29 octobre 1869, puis préfet d'Ille-et-Vilaine, élu sénateur de ce département le 5 janvier 1888, dont deux enfants, Alain et Bertranne de Callac.

2ᵉ mariage : Déodat, Adrien, Alphonse, Lucile et Zoé de Drée.

I. — Le comte Déodat-Albert de Drée, officier de cavalerie, épousa Henriette-Laurence, fille de Jacques Parigot de Santonay, ancien capitaine d'infanterie, et de Jeanne-Marie Languet de Sivry. Il eut pour fils le comte Albert de Drée, propriétaire au château de Santenay, et Henri, mort à Paris en 1865. Déodat mourut à Paris en 1876, à l'âge de soixante-dix-huit ans.

II. — Adrien de Drée épousa Mlle de Laurencin, dont il eut deux filles, mariées, l'une à Alexandre de Couffon de Kerdellech, qui a un fils, Adrien, et deux filles,

Jeanne-Marie et Jeanne ; l'autre au marquis de Laroche-Fontenilles, dont un fils, Gilbert, officier de cavalerie, marié avec Mlle Thérèse Laperche.

III. — Alphonse de Drée, général de brigade, mourut à Dra-el-Mizan (Algérie) le 11 septembre 1859.

IV. — Lucile de Drée épousa le comte Maxime de Monspey, pas d'enfants.

V. — Zoé de Drée épousa Charles de Montela, eut deux filles : Alexandrine, non mariée, et Lucile, mariée au comte Annibaldi Biscotti, colonel piémontais.

CHAPITRE V

BRANCHE DE DRÉE EN PROVENCE. — ALLIANCES DE
LA FAMILLE DE DRÉE
TERRES ET FIEFS DU NOM DE DRÉE

La branche de Provence a pour chef Antoine, fils de René de Drée.

I. — Antoine de Drée.
1732-1775

Antoine de Drée, capitaine de vaisseau, épouse Lucrèce de Durand à Toulon en 1732, meurt en 1775. Il a pour enfants Gilbert-Jean, quatre filles et deux fils non mariés, Camille et Suzanne.

II. — Gilbert-Jean de Drée.
1741-1781

Gilbert-Jean, comte de Drée, né en 1741, épouse en 1781 Gabrielle de Joannis, dont il a Paul-André-Amédée, Claire, Alphonsine, deux filles et un fils non mariés.

Camille de Drée, frère de Gilbert, né en 1743, contre-amiral, grand cordon de Saint-Louis, épousa Mlle de Champmartin et eut Suzanne de Drée qui épousa

M. d'Espérandieu de Saint-Martin. — Suzanne de Drée, sœur de Gilbert, née en 1752, épousa Hector de Cholier de Cibeins, dont elle eut Léonor de Cibeins, mourut en 1816.

III. — Paul-Amédée de Drée.
1783-1864

Paul-André-Amédée, comte de Drée, né le 10 décembre 1783, épouse en 1820 Marie-Angélique de Bovis, meurt le 10 février 1864, laissant : Louis-Jean-Stanislas, Charles-Camille, Marie, Louis-Adolphe.

Claire de Drée, sœur de Paul, épousa le chevalier de Fricou ; Alphonsine épousa Auguste de Jouffret.

IV. — Louis-Jean-Stanislas de Drée.
1821-1879

Louis-Jean-Stanislas, comte de Drée, né en 1821, épousa, le 20 juillet 1852, Marie-Augusta de Viry, mourut le 27 mai 1879, laissant : Charlotte, née en 1853, qui épousa, le 6 juin 1878, Joseph, vicomte de David-Beauregard, et Adolphe-Louis-Marie-Gilbert, comte de Drée, né le 10 décembre 1856.

Charles-Camille, frère de Louis, né en 1823, meurt à l'ennemi, le 21 juin 1847, à Collo (Algérie). — Marie de Drée, née en 1825, épousa, en 1846, Ernest de Boutiny. — Louis-Adolphe, comte de Drée, né en 1827, épousa, en 1852, Marie-Joséphine Reverdit, fille de Christophe et de Françoise de Villeneuve-Bargemont, dont il eut six enfants : Louise-Marie-Amélie de Drée, née en 1856, morte en 1877 ; Marie-Christophe, mort au berceau ; Marie-Louis-Paul de Drée, né en 1859, épousa, en 1882, Georgette-Marie-Adèle-Robert de Beauregard, morte la même année ; Marie-Stanislas-Guillaume de Drée, né en 1861, mort en 1871 ; Marie-Pauline-Germaine, née en 1863, épousa, en 1883, Joseph-Charles-Augustin-Edouard, comte de Boisgelin ; Marie-Raymond de Drée, né en 1866 (1).

Dans les lettres d'érection de la seigneurie de la Bazole en marquisat de Drée, le roi Louis XV dit que la famille de Drée est alliée aux principales maisons du royaume.

Les alliances de cette famille sont avec celles de Salornay, Clugny, Courcelles Pourlant, Blé d'Uxelles, Saint-Amour, Fussé, Mâlain, Digoine-Palais, Gaspard de Saint-Amour, Damas, Foudras, Alban, Thiard-Bissy, Busseuil, Montagny, Saint-Chaumont, Gelan ou Gerlan, Rochechouart, Montgommery, Gorvau, Pondevau, Choiseul, Dio, Du Bois, Saulx, Vergy, Thianges, Mailly, Semur, Senneterre, la Tour-Vinay, la Guiche, Monteynard, Montmorin, Julien de Baleure, Salins, Rochebaron, Levis, Clermont-Tonnerre, etc., etc. (2).

Il n'y a en France qu'un village du nom de Drée. Toutefois, la famille de Drée, par suite de ses établissements divers, a communiqué son nom à quelques fiefs ou terres que nous allons énumérer.

---

(1) Les renseignements sur les membres contemporains de la famille de Drée nous ont été communiqués par la famille elle-même.
(2) *Dictionnaire de la Noblesse*, tom. V, p. 647.

A Epoisses, il y avait un fief appelé *le Bail de Drées*. En 1499, ce bail était repris de fief par Jeanne de Saigny, au nom de Jean et Guyotte de Drées, ses enfants mineurs, nés de feu Guillaume de Drées.

A Corombles, au-dessus de la ville, il y a un lieu nommé *Le Cloux* (clos) *Jehan de Drées*.

A Lève (Laives) en Chalonnais, il y avait un clos de vigne, donné au couvent de Saint-Pierre de Chalon, en 1407, par Philiberte de Varennes, femme de Guillaume de Drées. Ce clos s'est appelé *de Drées*, comme on le voit dans la reprise de fief de Varennes-Lève, en 1584, par les de Clugny.

Enfin la terre de la Bazole, près de Charolles, érigée en marquisat, prit le nom de Drée, ainsi que le château superbe qui venait d'être achevé. C'est encore le nom qu'elle porte aujourd'hui (1).

---

(1) Extrait des Notes manuscrites de l'abbé Merle, curé de Fontaine-les-Dijon. Voir aussi pour Laive, Peincedé, tom. X, f° 405.

TABLE DES MATIÈRES

Préface 1
Introduction 5

Ire PARTIE. — Histoire de Drée.

Chapitre Ier. — Description de Drée 11
Chapitre II. — Origine de Drée. — Féodalité 15
Chapitre III. — Les seigneurs de Drée 30
Chapitre IV. — Drée annexé à la seigneurie de Bussy-la-Pesle 66
Chapitre V. — Parenté de la maison de Drée avec saint Bernard 75
Chapitre VI. — Armes de Drée 79
Chapitre VII. — Château de Drée 84
Chapitre VIII. — Eglise de Drée. — Cimetière 93
Chapitre IX. — Paroisse de Drée. — Curés. — Presbytère 100
Chapitre X. — Biens de la cure avant la Révolution . . 110
Chapitre XI. — Fondations anciennes 113
Chapitre XII. — Croix situées sur la paroisse 120
Chapitre XIII. — Anciennes familles. — Maison Fevret . . 121
Chapitre XIV. — Maires de Drée 125
Chapitre XV. — Recteurs d'école 127

IIe PARTIE. — Histoire de Verrey-sous-Drée.

Chapitre Ier. — Description de Verrey. — Son antiquité. 129
Chapitre II. — Les seigneurs de Verrey-sous-Drée. — Physionomie de la Révolution de 1789. 134

CHAPITRE III.	— Château de Verrey-sous-Drée. — Sa chapelle	158
CHAPITRE IV.	— Séjour de saint Seine à Verrey-sous-Drée	169
CHAPITRE V.	— Ancienne chapelle paroissiale	172
CHAPITRE VI.	— Chapelle paroissiale nouvelle	174
CHAPITRE VII.	— Croix situées sur la paroisse.	183
CHAPITRE VIII.	— Anciennes familles. — Famille Le Roy.	186
CHAPITRE IX.	— Maires de Verrey-sous-Drée.	188

IIIᵉ PARTIE.	— HISTOIRE GÉNÉALOGIQUE DE LA MAISON DE DRÉE	189
CHAPITRE Iᵉʳ.	— Branche de Drée à Savigny-le-Vieux (Autunois)	190
CHAPITRE II.	— Branche de Drée à Varennes-le-Grand (Chalonnais)	193
CHAPITRE III.	— Branche de Drée à Gissey-le-Vieil (Auxois)	205
CHAPITRE IV.	— Branche de Drée à la Serrée (Mâconnais)	214
CHAPITRE V.	— Branche de Drée en Provence. — Alliances de la famille de Drée. — Terres ou fiefs du nom de Drée . .	236

DIJON, IMP. JOBARD.

www.ingramcontent.com/pod-product-compliance
Lightning Source LLC
Chambersburg PA
CBHW062233180426
43200CB00035B/1701